Hubert Milz

Geld

Eine kleine Ideengeschichte

herausgegeben von Michael von Prollius

Edition Forum Freie Gesellschaft

Band 6

Bibliografische Information der Deutschen Nationalbibliothek:
Die Deutsche Nationalbibliothek verzeichnet diese Publikation in der
Deutschen Nationalbibliografie; detaillierte bibliografische Daten sind im
Internet über http://dnb.dnb.de abrufbar.

© 2020 Hubert Milz, Michael von Prollius (Herausgeber)
Forum Freie Gesellschaft, Fürstenberg

Titelbild: pixabay
Umschlaggestaltung: Michael von Prollius
Lektorat und Layout: Susanne Junge

Herstellung und Verlag: BoD – Books on Demand, Norderstedt

ISBN: 978-3-7519-3434-3

Inhalt

Vorwort

„Notizen zu Geld und Währung. Theoretische, historische und persönliche Anmerkungen" schickte mir Hubert Milz. Tatsächlich erhält der Leser eine kleine Ideengeschichte des Geldes. Es handelt sich um weit mehr als lediglich Notizen. Zugleich lassen sich weite Teile des Textes rasch wie Notizen erfassen. Der kleine Band ist aus einem Vortrag hervorgegangen und zeichnet sich gerade an komplexeren Stellen durch übersichtliche Aufzählungen aus.

Der unter Freiheitsfreunden weithin bekannte Ökonom Hubert Milz beschäftigt sich mit der Frage: Was ist Geld? Das gilt nicht nur für die begrifflich-fachliche Klärung im ersten Kapitel, sondern auch für alle nachfolgenden, ideengeschichtlich geprägten Kapitel. Es ist spannend zu erfahren, was unterschiedliche Denker von der Antike über das Mittelalter und die frühe Neuzeit bis heute über Geld dachten, was sie von Geld in einer Wirtschaft hielten und erwarteten, welche Rolle der Staat spielen sollte.

Einen Schwerpunkt bildet die inzwischen immer mehr an Bekanntheit gewinnende Österreichische oder Wiener Schule der Ökonomie. Aus ihrem Blickwinkel betrachtet Hubert Milz die Sicht von Merkantilisten, Klassikern, Keynesianern und Monetaristen. Mit „österreichischen" Erkenntnissen nimmt er Bewertungen und Einschätzungen vor. „Österreichisch" ist auch seine Empfehlung für eine Alternative zur heutigen Geldordnung.

Im Zuge der Lektüre lernt der Leser wesentliche Auffassungen kennen über das, was Geld ist, wie es in einer Wirtschaft wirkt, schließlich, wer es kontrollieren und produzieren soll. Zugleich wird deutlich, wie viele Krisen durch unsere überkommene Praxis, Geld in die Welt zu bringen, hervorgerufen werden. Die staatliche Kontrolle und unaufhörliche Inflationierung der Geldmenge wird u.a. in der konzentrierten Finanzkrisenschau deutlich und dürfte manchen Leser fassungslos machen.

Volkmar Muthesius, der klassisch-liberale deutsche Wirtschaftsjournalist, warnte 1973 in seinen Erinnerungen und Gedanken „Augenzeuge von drei Inflationen" vor der Ablehnung der Marktwirtschaft und der Zerstörung des Geldes:

> *„Denn es sind die Volksvertreter, welche die Gesetze machen, aus denen die Verneinung der marktwirtschaftlichen Ordnung hervorgeht. Bleiben die Politiker auf diesem Kurs, so wird sich bald unausweichlich die ernste Frage stellen, ob die moderne Demokratie, die bereits in Entartung begriffen ist, und zwar durch Interesseneinflüsse und durch die Bürokratisierung, zur Bewahrung guten Geldes überhaupt fähig ist. Ist sie das nicht, dann werden beide untergehen, die Währung und die Demokratie."*

Diese dreifache Warnung ist heute wieder brandaktuell und dürfte auch ein wichtiger Antrieb für das Engagement von Hubert Milz sein. Wer ihn kennt oder auf einer der zahlreichen liberalen Konferenzen kennenlernt, weiß um seine gerade historische Detailkenntnis in politischen und ökonomischen Belangen. In diese Schrift hat er viel Lektüre eingebracht. Dementsprechend umfangreich ist das Literaturverzeichnis. Das gilt noch mehr für die Fußnoten. Und gerade das macht den besonderen Charme des Bandes aus. Schließlich lässt sich das Buch auf mindestens zwei Arten lesen: kurz und komprimiert, beschränkt auf den Text, oder aber zusätzlich in den Fußnoten stöbernd – dann für Leser mit Vorkenntnissen, mit Nicken und Notizen, selten mit einem Stirnrunzeln, das vor allem bei Staatsfreunden und Staatsliberalen zu beobachten sein wird. Gerade die Fußnoten enthalten die Milz'schen Notizen im engeren Sinne, darunter Erläuterungen, Einordnungen und unmissverständliche Kommentare. Fortgeschrittene, die nicht Anhänger einer einhundertprozentigen Deckung des Geldes sind, werden ihrerseits Notizen an den entsprechenden Stellen machen, um weitere Argumente für ihre Position einzubringen.

Geld ist ein zeitloses Thema. Die enorme Aktualität liegt nicht nur an den ungelösten Problemen der Eurozone, sondern auch an der weltweiten massiven Verschuldung, die vor der Corona-Krise mit einem grassierendem Antikapitalismus einherging. Das sind alles Zutaten für eine weitere Etappe auf dem Weg zu einer ruinierten Währung, für deren Ruin noch stets der Staat verantwortlich war. Hubert Milz wies mich dazu passend auf folgende Anekdote hin: 1923, kurz vor der Währungsreform, rannte ein Münchener Bürger auf Karl Valentin zu und rief ganz erregt: „Herr Valentin stellen Sie sich vor, der US-Dollar steht schon auf 4,2 Billionen Mark!" Karl Valentin erwiderte trocken: „Ja, mehr ist der Dollar auch nicht wert."

Edition Forum Freie Gesellschaft dient der Erwachsenenbildung im besten Sinne. Zweck dieses kleinen Bandes ist, eine kompakte Einführung in bedeutende Geld-Ideen zu geben. Der konsequent liberale Standpunkt macht das griffige Kompendium zu einer Art Hausapotheke für gesundes Denken. Stets – sowohl nach und vielleicht bereits während der Lektüre – lässt sich über einzelne Themen und Sachverhalte diskutieren. Eine produktive Auseinandersetzung wäre sicherlich ganz im Sinne des Autors.

Sobald der Wert der besseren Ideen Zugang zu mehr Köpfen erlangt hat, wird sich das nicht nur positiv auf die kritische Urteilsfähigkeit auswirken, sondern auch auf die Portemonnaies der Bürger.

Berlin, im April 2020

Michael von Prollius

Vorbemerkung

Die Grundlage der Broschüre bildet ein Impulsvortrag, der am 21. Dezember 2011 in Bonn-Bad Godesberg vor den „Freiheitsfreunden vor Ort" [Bonn (freiheitswerk.net)] gehalten wurde.

Auf den ersten Blick mag der eine oder andere Betrachter des Textes über das „Festival der Fußnoten" und den Umfang der aufgelisteten Fachliteratur im Rahmen eines zur Broschüre gestalteten Vortrags lächeln – doch mit Blick auf die moderne Disziplin „Plagiatsjagd" scheinen umfangreiche Quellen- und Literaturangaben einen Sinn zu machen. Zugleich findet der interessierte Leser Anregungen zur vertiefenden Lektüre.

Eschweiler, im April 2020

Hubert Milz

11

I. Was ist Geld?

An einer Antwort auf die Frage „Was ist Geld?" versuchte sich mittels einer Legaldefinition auch der deutsche Bundesgerichtshof (BGH), demnach gilt gemäß BGH als Geld:

> „...jedes vom Staat oder einer durch ihn ermächtigten Stelle als Wertträger beglaubigte, zum Umlauf im öffentlichen Verkehr bestimmtes Zahlungsmittel ohne Rücksicht auf einen allgemeinen Annahmezwang"[1].

Diese Definition erinnert an das staatliche Geldverständnis von *Georg Friedrich Knapp* in seinem 1905 erschienenem Buch über „die staatliche Theorie des Geldes"[2].

---

[1] BGH WM 1984, 222; Urteil zum Krüger-Rand. Auch vom EuGH liegt ebenfalls zum Krüger-Rand eine Legaldefinition vor, siehe Vischer, Rank: Geld- und Währungsrecht im nationalen und internationalen Kontext. Basel 2009, PDF-Manuskript, S. 12f.

[2] Die Deutsche Biographie notiert zu diesem Buch „...Weltweites Aufsehen erregte er, als er 1905 sein bedeutendstes Werk „Staatliche Theorie des Geldes" vorlegte. Darin stellte er die These auf, daß die Zahlungsmittel unabhängig von ihrer stofflichen Erscheinungsweise als Geschöpfe der staatlichen Rechtsordnung einzuschätzen seien; er

Ökonomen hingegen führen von alters her regelmäßig drei Funktionen an, die Geld erfüllen soll, nämlich:

- ✓ Tauschfunktion
- ✓ Recheneinheitsfunktion
- ✓ Wertaufbewahrungsfunktion

---

forderte also im Gegensatz zum Metallismus, welcher den Geldwert aus dem Wert der Münzmetalle zu erklären versucht, ein rein funktionelles Verständnis. Das Buch löste sofort heftige Kontroversen aus, weil es eine Papiergeldinflation zu befürworten schien ...", siehe: Deutsche Biographie: Knapp, Georg Friedrich; https://www.deutsche-biographie.de/sfz43122.html.

Max Weber hielt diese Theorie für richtig; siehe Weber, Max: Wirtschaft und Gesellschaft. Tübingen 1976, S. 109-114: Exkurs über die staatliche Theorie des Geldes.

Für Ludwig von Mises hatte das Buch nichts mit Ökonomie zu tun, er schloss sich der Meinung Carl Mengers an: „Das ist", sagte Menger, „die folgerichtige Entwicklung der preußischen Polizeiwissenschaft. Was soll man von einem Volke halten, dessen Elite nach zweihundert Jahren Nationalökonomie solchen Unsinn, der nicht einmal neu ist, als höchste Offenbarung bewundert? Was hat man von einem solchen Volke noch zu erwarten?" Mises, Ludwig von: Erinnerungen. Stuttgart 1978, S. 20f.; siehe auch S. 26 und S. 38.

Anhänger einer staatlichen Theorie des Geldes sind neben Volkswirten oft Juristen wie: Konrad Duden (1907-1979), Frederick Alexander Mann (1907-1991), Arthur Nussbaum (1877-1964), Charles Proctor, Karsten Schmidt oder Spiros Simitis.

Das Wissen um diese Funktionen ist ein altes Wissen. Diese alte Erkenntnis stammt aus ferner Zeit, lange bevor sich die Ökonomie als Wissenschaftszweig etablierte. Schon Aristoteles[3] beschrieb um 330 v. Chr. diese drei Funktionen des Geldes[4]:

> *„Das Geld macht also wie ein Maß die Dinge meßbar und stellt eine Gleichheit her. Denn ohne Tausch wäre keine Gemeinschaft möglich, und kein Tausch ohne Gleichheit und keine Gleichheit ohne Kommensurabilität."*

Aristoteles führte weiter aus, warum Geld für ihn das gemeinsame Maß ist, welches den Austausch von Leistungen,

---

[3] Bei Platon findet man – nach meinem Kenntnisstand – keine eigentliche Geldlehre, sondern nur lose Hinweise zum Geld. In der Politeia z. B. wird das Geld – mehr oder weniger – als Tauschmittel und Wertmesser beschrieben; bspw. im Buch VIII wird Gelderwerb und Geldgier diskutiert; hier wird meines Erachtens Platons Abneigung zu den Dingen um das Geld ziemlich deutlich. Ebenfalls findet sich bei Platon eine Abneigung gegen die Edelmetalle – Silber und Gold. Eine solche Abneigung gegen das Gold ist bei etlichen heutigen Ökonomen auch vorzufinden. Heute wird in diesem Zusammenhang oftmals ein angeblicher Spruch von Keynes „Gold ist ein barbarisches Relikt" zitiert; dies ist aber so nicht ganz korrekt, denn John Maynard Keynes schrieb 1924 auf S. 172 im „Tract on Monetary Reform": „In Wahrheit ist der Gold-Standard bereits ein barbarisches Relikt", Braunberger, Gerald: Neues vom barbarischen Relikt; https://blogs.faz.net/fazit/2012/08/29/neues-vom-barbarischen-relikt-542/.

[4] Siehe Aristoteles: Die Nikomachische Ethik V,8 (1133b), S. 166.

das Beisammensein der Gesellschaft und den Zusammenhalt der Gemeinschaft gewährleistet.

Das Tauschen muss vergleichbar sein; dazu ist Geld bestimmt und bildet sozusagen die Mitte[5] und hält die Dinge beisammen[6]:

„Denn es mißt alles, also auch das Übermaß und den Mangel …; wäre dies nicht möglich, so gäbe es weder Tausch noch Gemeinschaft".

Aristoteles nannte das Geld den Bürgen für Tauschhandlungen und Bedürfnisse, die in der Zukunft liegen, also erst später eintreten. Dabei ging er davon aus, dass der Wert des Geldes im Zeitverlauf nicht unbedingt derselbe bleibt, aber relativ stabil ist[7].

Damit hatte *Aristoteles* schon die drei der oben genannten Funktionen des Geldes, die Ökonomen auch heute noch nennen, fest umrissen[8].

---

[5] Eine nähere Analyse zeigt, dass die Tauschmittelfunktion die einzige Funktion des Geldes ist. Recheneinheitsfunktion und Wertaufbewahrungsfunktion sind nur daraus abgeleitete Funktionen; siehe Polleit, Thorsten / Prollius, Michael von: Geldreform: Vom schlechten Staatsgeld zum guten Marktgeld. Grevenbroich 2010, S. 11f.

[6] Siehe Aristoteles: Die Nikomachische Ethik V,8 (1133a), S. 165.

[7] Siehe Aristoteles: Die Nikomachische Ethik V,8 (1133a; 1133b), S. 165f.

[8] Die Geldlehre des Aristoteles wurde von Wittreck in seiner juristischen Doktorarbeit umfassend dargestellt; siehe Wittreck, Fabian: Geld als Instrument der Gerechtigkeit. Paderborn 2002, S. 183-271.

Somit wird die Frage:

„Was ist Geld?"

eigentlich klar umschrieben, bspw. durch die Definition geklärt, die *Nils Herger* liefert[9]:

> *„Geld umfasst sämtliche Vermögenswerte, die allgemein zur Durchführung wirtschaftlicher Transaktionen akzeptiert werden und damit einen unmittelbar einlösbaren Anspruch auf volkswirtschaftliche Leistungen begründen."*

Geld ist also nicht durch irgendeinen hoheitlichen Akt definiert oder in die Welt gekommen[10]!

---

[9] Herger, Nils: Geldtheorie. Studienzentrum Gerzensee, Frühlingssemester 2010, Vorlesung 1: Einführung in die Geldtheorie, PDF-Manuskript, S. 5.

[10] Wolfram Engels meinte, dass sehr viel dafür spricht, dass das Geld älter ist „als das, was wir heute »Staat« nennen"; siehe Engels, Wolfram: Der Kapitalismus und seine Krisen. 2. Auflage, Düsseldorf 1997, S. 103.

II. Geld – Entstehung und Wert

1) Aristoteles: Ware gegen Ware – Warengeld

Geld ist nach *Aristoteles* als Folge von Tauschgeschäften – Ware gegen Ware – entstanden. Im Laufe der Zeit haben die Menschen Geld als Tauschmittel eingeführt, aufgrund einer Vereinbarung, deshalb der Name Geld (Nomisma von Nomos, „alles, was zugewiesen wurde, eine Verwendung, Sitte, Gesetz, Verordnung").

Diese Vereinbarung resultiere aus einem Entwicklungsprozess; denn ursprünglich seien nur Güter gegen Güter getauscht worden, aber irgendwann hätten die Menschen vereinbart, das Metall (Eisen, Silber, Gold) als allgemeines Tauschmittel, als Wertmesser, einzuführen, um den Handel reibungsloser und einfacher zu gestalten[11].

---

[11] Siehe Aristoteles: Die Nikomachische Ethik V,8 (1133a), S. 165 und (1133b) S. 166 und Aristoteles: Politik I, 9 (1257a), S. 60.

Bei Carl Menger ist Geld durch das Handeln der Menschen spontan aus den Tauschakten entstanden; siehe Menger, Carl: Gesammelte Werke Band 4. Tübingen 1970 S. 1-116, das 1. Kapitel 1: Geld; dort ist auch

2) Sakrale Wurzeln des Geldes

Bernhard Laum (1884-1974)[12] entwickelte 1924 in seinem Buch ‚Heiliges Geld‘[13] die These, dass das Geld, insbesondere das Münzgeld, sakralen Ursprungs ist.

Mittels der Überlieferungen der altgriechisch-römischen Kultur versuchte *Laum* die Entstehung von Geld (speziell von Münz-

---

abgedruckt der Artikel Geld aus dem Handwörterbuch der Staatswissenschaften, 3. Auflage, Band 4, Jena 1909, S. 556-564.

Wolfram Engels merkte an, dass in der Bronzezeit auch Zinn als Geld galt, da Zinn damals seltener und teurer als Kupfer war; siehe Engels, Wolfram: Der Kapitalismus und seine Krisen. 2. Auflage, Düsseldorf 1997, S. 103.

Wilhelm Gerloff meinte, dass es Gegenstände mit Geldfunktionen schon vor der wirtschaftlichen Arbeitsteilung gab. Wilhelm Gerloff versuchte eine gesellschaftliche Theorie des Geldes zu entwickeln, indem sich „Geldgegenstände" aus Geschenken, Opfern und Riten zum Geld-Tauschverkehr entwickelt haben; siehe Kruse, Alfred / Lechner, Hans H.: Geld und Kredit. Stuttgart 1970, S. 55 und S. 75-81.

[12] Laum war ursprünglich Alt-Philologe und Altertumswissenschaftler. Nach der Habilitation lehrte er Altertumswissenschaften und Wirtschaftswissenschaften, ab 1936 war er Professor für Sozial- und Wirtschaftsgeschichte an der Universität Marburg, siehe Deutsche Wikipedia (de.wikipedia.org): Artikel – Bernhard Laum.

[13] Siehe Laum, Bernhard: Heiliges Geld. Berlin 2006. In der Einleitung erarbeitete Laum kurz die Unterschiede zwischen der damaligen historischen Geldforschung und der damaligen Geldtheorie; danach untersuchte er in fünf Kapiteln die sakralen Wurzeln des Geldes.

geld) im religiösen altgriechischen Tempel-Kultus zu verorten: Das Geld hat nach *Laum* im Sakralen seine eigentliche Wurzel, seine Ursache[14]. Entgegen der Meinung, dass das Geld sich aus Gütertausch entwickelte und einer der frühen „Wertmesser" das „Rind" gewesen sei, meinte *Laum*, aus den Epen *Homers* ableiten zu können, dass das Rind nie „Wertmesser" für den Warentausch, für den Handel, gewesen ist, sondern nur der höchste „Wertmesser" im Opferritus[15]. Das Rind sei nur der Oberschicht

---

[14] Siehe Laum, Bernhard: Heiliges Geld. Berlin 2006, S. 23.

[15] Hülsmann zeigte in seiner Dissertation, dass Laum – entgegen seiner erklärten Absicht – sehr wohl das Rind als Wertmesser für den ganz gewöhnlichen Tausch anerkannte, und zwar, da Laum auf S. 19 (Heiliges Geld) einräumte, dass auch das sakrale Opfer ein profanes, von primitiven wirtschaftlichen Motiven bestimmtes Tauschgeschäft gewesen sei; siehe Hülsmann, Jörg Guido: Die Logik der Währungskonkurrenz. Essen 1996, S. 134f., Fußnote 3.

Renger erwähnte, dass das Silber in Mesopotamien bereits im 3. Jahrtausend v. Chr. Wertmesser war, Gold sei im 2. Jahrtausend v. Chr. kurzfristig ein Wertmesser gewesen. Renger, Joachim: Subsitenzproduktion und redistributive Palastwirtschaft: Wo bleibt die Nische für das Geld?; in: Schelke, Waltraus / Nitsch, Manfred (Hrsg.): Rätsel Geld. Marburg 1995, S. 281, dabei ist es für Renger klar, dass schon im 5. Jahrtausend v. Chr. in Mesopotamien Fernhandel üblich war, da für diese Zeit die schriftlichen Zeugnisse fehlen, kennt man auch den damaligen Wertmesser/Tauschvermittler nicht. Auf den S. 282-316 untersuchte Renger für die Epochen, für die schriftliche Quellen verfügbar sind, die verschiedenen Wertmesser/Tauschvermittler des

verfügbar gewesen, somit habe es allgemein im täglichen Tauschhandel des gemeinen Volkes keine Rolle spielen können. *Laum* zeigte leider nicht, welchen „Wertmesser" es vor der Einführung von Metallgeld gab. Er behauptete nur, dass beim Handel zwischen dem Land (Bauern) und der Stadt nicht das „Rind" der „Wertmesser" gewesen sein kann[16].

Laum erläuterte anschließend, wie die Metalle (Gold, Silber, Kupfer) mehr und mehr in den Kultus des Tempels einströmten und durch von Priestern – analog zur Hierarchie des Tempels – festgelegten Normen einen für alle erkennbaren Wert darstellten; folglich sowohl Wertmesser (Recheneinheit, Wertaufbewahrung) und Zahlungsfunktion sein konnten. Dabei unterschied *Laum* zwischen einer Zahlungsfunktion des Geldes und einer Tauschfunktion des Geldes[17].

Zweistromlandes – von den stofflichen Tauschmittel bis hin zu Vorformen der Münze erstreckt sich die Untersuchung.

[16] Auf S. 21 leugnete Laum, dass es einen griechischen Binnenhandel gegeben hat; Laum, Bernhard: Heiliges Geld. Berlin 2006. Meiner Meinung nach eine gewagte Behauptung; denn auf welche Art und Weise ist die Versorgung der Städte durch das Land erfolgt? Wenn nicht durch Handel, durch Austausch zwischen Stadt und Land – wie dann?

[17] Erst durch das Siegel des Tempelpriesters erhielt die Münze die Weihen, um Geld zu werden – also durch einen hoheitlichen Akt; so Laum, Bernhard: Heiliges Geld. Berlin 2006, 5. Kapitel, S. 153-182, speziell S. 166; siehe S. 189, dort schrieb Laum sogar, dass die Zahlungs-

Dass der Tempelkult ein Transformationsriemen für die Verbreitung von Metallgeld gewesen sein wird, ist meines Erachtens unbestritten. So vermerkte bspw. *Huerta de Soto*, dass die alten griechischen Tempel auch Depositenbanken gewesen sind[18]. Die Menschen hätten zum Tempel einfach Vertrauen gehabt, weil der Tempel an und für sich unantastbar war, außerdem habe der Tempel seine eigenen Milizen besoldet, so dass er auch gegen räuberische Gewalt oder den Begehrlichkeiten weltlicher Herrscher geschützt war[19].

---

mittelfunktion der Münze zeitlich vor ihrer Funktion als Tauschmittel stand; für Laum ist der Staat als Träger des Kultus auch der Schöpfer des Geldes.

[18] Siehe Huerta de Soto, Jesús: Geld, Bankkredit und Konjunkturzyklen. Stuttgart 2011, S. 28. Auch Laum räumte ein, dass die Tempel schon Bankgeschäfte, wie das Anleihegeschäft, tätigten. Laum lehnte es aber ab, den Tempel als Bankinstitut im modernen Sinne zu bezeichnen, Laum, Bernhard: Heiliges Geld. Berlin 2006, S. 165f. Siehe auch Heinsohn, Gunnar / Steiger, Otto: Eigentum, Zins und Geld. Marburg 2011, 7. Auflage, S. 270f.

[19] Siehe Huerta de Soto, Jesús: Geld, Bankkredit und Konjunkturzyklen. Stuttgart 2011, S. 28. Auch die Darstellungen bei Laum deuten eigentlich in diese Richtung; denn gerade im 5. Kapitel (S. 153-182) wird gezeigt, dass die Tempelsymbole heilig und unantastbar waren; Laum zog hier Vergleiche zum Totemkult; Laum, Bernhard: Heiliges Geld. Berlin 2006.

3) Geldwert

Nach *Aristoteles* ist der Wert des Geldes eine Vereinbarung, deshalb – wie erwähnt – der Name Geld (Nomisma): Als Folge eines Entwicklungsprozesses hätten die Menschen vereinbart, das Metall (Eisen, Silber, Gold) als allgemeines Tauschmittel einzuführen.

Daraus ist zu folgern, dass *Aristoteles*, weil er Geld ursprünglich als eine stoffliche Ware sah, dem Geld einen ursprünglichen Gebrauchswert beimaß. Wobei *Aristoteles* nicht ausschloss, dass dieser Gehalt des Geldes auch wertlos werden kann, bspw. können Gelder durch das Verhalten, durch die Handlungen der Menschen entwertet werden. Aus den Ausführungen bei *Aristoteles* ist ebenfalls zu schließen, dass dieser gemeinsame Wertmesser Geld das Zusammenleben dadurch vereinfacht, weil jedermann den Wert seines Eigentums berechnen kann und somit seine eigene Stellung kennt[20]. Der Wert des Geldes an und für sich wurde allerdings von *Aristoteles* nicht näher bestimmt. Die eigentliche Ware (Eisen, Silber, Gold) hat einen stofflichen Wert, aber das Geld offensichtlich keinen Wert von Natur aus,

---

[20] Siehe Aristoteles: Die Nikomachische Ethik V,8 (1133b) S. 166 und Aristoteles: Politik I, 9 (1257a), S. 60.

sondern durch die Vereinbarung, und zwar durch eine gesetzliche Vereinbarung[21].

Nach *Laum* wurde der sakrale (und damit auch profane) Wert des Geldes durch die Normen der Tempelpriester festgelegt. Erst durch diesen hoheitlichen Akt des Tempels, durch das Siegel des Tempelpriesters, wird für *Laum* aus der Münze ein allgemein zu akzeptierendes Zahlungsmittel[22].

Welchen Wert hat nun das Geld an und für sich? Wie ist der intrinsische Wert? Mittels der Preise, die für Waren und Dienstleistungen verlangt werden, kann jeder Kaufwillige den objektiven Wert sehen: Der Preis der Ware ist gleich dem derzeitigen Wert des Geldes[23]. Wenn ein guter Herrenanzug eine

---

[21] Siehe Aristoteles: Die Nikomachische Ethik V,8 (1133a), S. 165 und (1133b) S. 166 und Aristoteles: Politik I, 9 (1257a), S. 60.

[22] Hier zeichnete Laum sich klar als Anhänger einer „staatlichen Geldtheorie" aus. Meiner Meinung nach ist ein Gut, welches die am Markt handelnden Menschen als allgemeines Tauschmittel akzeptieren, natürlicherweise ein Zahlungsmittel; es hat auch ohne hoheitlichen Akt Zahlungsmittelfunktion. Recht ist durch menschliches Handeln auch gewohnheitsmäßig gegeben, niedergeschriebenes Recht oder behördlich verbriefte Rechtstitel sind hier unnötig, dauerhafte Institutionen ergeben sich durch menschliches Handeln. Beim Geld deklariert der Staat lediglich im Nachhinein längst etabliertes Recht.

[23] Ausführlich wurde der „objektive Wert", der Verkehrswert des Geldes, von Ludwig von Mises erörtert. Siehe Mises, Ludwig von: Die

Unze Gold kostet, dann ist eine Unze Gold einen Herrenanzug wert.

Es bleibt jedoch die Frage, ob Geld einen subjektiven Wert – einen inneren, eigenen Wert hat. Da der subjektive Gebrauchswert und der subjektive Tauschwert des Geldes beim Geld zusammenfallen, weil beide Begriffe auf dem objektiven Tauschwert des Geldes basieren, wurde dem Geld lange Zeit ein subjektiver Gebrauchswert abgesprochen[24].

Erst *Ludwig von Mises* (1881-1973) löste dieses geldtheoretische Problem in seiner Habilitationsschrift von 1912 durch das Regressionstheorem[25]:

Theorie des Geldes und der Umlaufsmittel. München und Leipzig 1912, (Nachdruck, Auburn 2007), S. 97ff.; überarb. 2. Auflage 1924, S. 76ff.

[24] Mises, Ludwig von: Die Theorie des Geldes und der Umlaufsmittel. München und Leipzig 1912, (Nachdruck, Auburn 2007), S. 94; überarbeitete 2. Auflage 1924, S. 74. Mises nannte im Text und in den Fußnoten Karl Heinrich Rau, Eugen von Böhm-Bawerk und Friedrich von Wieser.

[25] Zum Regressionstheorem siehe Mises, Ludwig von: Die Theorie des Geldes und der Umlaufsmittel. München und Leipzig 1912, (Nachdruck, Auburn 2007), S. 108f.; überarbeitete 2. Auflage 1924, S. 86f.; siehe auch Boehringer, Peter: Ungedecktes Papiergeld ist legales Falschgeld. Smart Investor 10/2009; https://www.goldseiten.de/artikel/12107--Ungedecktes-Papiergeld-ist-legales-Falschgeld.html u. Polleit, Thorsten / Prollius, Michael von: Geldreform: Vom schlechten Staatsgeld zum guten Marktgeld. Grevenbroich 2010, S. 30-33 und S. 51f.

◆ Menschen ordnen echtem Geld einen „Wert" zu, weil sie Vertrauen in die künftige Kaufkraft haben.

◆ Dieses Vertrauen in die künftige Kaufkraft ist das Resultat einer Erfahrung, man benutzt heute Geld zum Kauf, weil man es gestern benutzen konnte.

◆ Und gestern benutzte man das Geld, weil man das Geld auch vorgestern zum Kaufen nutzen konnte; und so weiter und so fort.

Ludwig von Mises dazu[26]:

> *„So erlangt der objektive Tauschwert der Vergangenheit für die gegenwärtige und künftige Schätzung des Geldes eine bestimmte Bedeutung. Die Geldpreise von heute sind mit den Geldpreisen von gestern und vorgestern und mit denen von morgen und übermorgen durch ein Band verknüpft."*

Mises führte dann weiter aus, dass nach den Bestimmungsgründen des ersten Geldwerts zu fragen ist[27]:

◆ Folglich hat man bis zu jenem Zeitpunkt zurückzugehen, als die Geldgüter noch nicht monetisiert waren, sondern wegen

---

[26] Mises, Ludwig von: Die Theorie des Geldes und der Umlaufsmittel. München und Leipzig 1912, (Nachdruck, Auburn 2007), S. 108; überarbeitete 2. Auflage 1924, S. 86.

[27] Siehe Mises, Ludwig von: Die Theorie des Geldes und der Umlaufsmittel. München und Leipzig 1912, (Nachdruck, Auburn 2007), S. 109f.; siehe auch die überarbeitete 2. Auflage 1924, S. 86f.

ihrer stofflich bedingten anderweitigen Verwendbarkeit begehrt wurden.

◆ Dieser Zeitpunkt, als die Geldgüter allgemeines Tauschmittel wurden, ist der älteste historische Geldwert.

◆ Dieser älteste historische Geldwert ist der Wert, den das Geld ursprünglich als Ware hatte.

„Der älteste Geldwert führt auf den Warenwert des Geldstoffes zurück."[28]

◆ Dabei ist es von grundlegender Bedeutung, dass die Benutzer des Geldes Vertrauen in die Kaufkraft des Geldes haben. Ohne Vertrauen und ohne einen Bezug zu einem bereits vorhandenen Tauschwert kann auch kein Zeichen- oder Kreditgeld entstehen[29]

---

[28] Mises, Ludwig von: Die Theorie des Geldes und der Umlaufsmittel. München und Leipzig 1912, (Nachdruck, Auburn 2007), S. 109; siehe auch die überarbeitete 2. Auflage 1924, S. 86.

[29] Mises, Ludwig von: Die Theorie des Geldes und der Umlaufsmittel. München und Leipzig 1912, (Nachdruck, Auburn 2007), S. 110; siehe auch die überarbeitete 2. Auflage 1924, S. 87f. Mises machte an dieser Stelle – ganz im Sinne Mengers – klar, dass Geld aus den Tauschhandlungen heraus entstanden ist. Mises wies alle jene Theorien zurück, in denen davon ausgegangen wird, dass das Geld durch irgendein Übereinkommen entstanden ist, durch welches irgendwelche wertlosen Dinge durch einen hoheitlichen Akt zu Geld erklärt wurden und denen demnach mittels einer Fiktion ein imaginärer Wert beigelegt wurde.

Frederick L. Pryor kam in seinen Untersuchungen der Geldent-stehungstheorien zu dem Schluss, dass weder Mengers noch Laums Theorien zur Entstehung des Geldes von vornherein abzulehnen sind, dies meinte er durch eine ethnographische Analyse aus 60 Gesell-schaften ableiten zu können. Zitiert bei Renger, Joachim: Subsitenz-produktion und redistributive Palastwirtschaft: Wo bleibt die Nische für das Geld?; in: Schelke, Waltraus / Nitsch, Manfred (Hrsg.): Rätsel Geld. Marburg 1995, S. 272, Fußnote 4.

Bei Schmölders hat die Akzeptanz zum Geld – auch zum Papiergeld – sehr viel mit Psychologie (Stichwort: „Geldillusion") zu tun. Schmölders führte anhand von Beispielen aus dem Mittelalter und der Neuzeit aus, dass selbst exzessive Ausweitungen der Geldmengen – sei es mittels Münzverschlechterungen oder ungedecktem Papiergeld – unter Umständen erst mittel- bis langfristig negative Auswirkungen hinsichtlich des Vertrauens der Menschen in die Währung zeitigen können, so dass die Flucht aus dem schlechtem Geld mitunter später als zu erwarten einsetzt. Siehe Schmölders, Günter: Gutes und schlechtes Geld. Frankfurt/M. 1968, S. 41-50.

III. Vom Mittelalter zur Neuzeit und Neuesten Zeit

1) Mittelalter und Scholastik

a) Überblick

Die Geldlehren der scholastischen Gelehrten des Mittelalters basierten wesentlich auf den Ausführungen des *Aristoteles* zum Geld, und zwar bezüglich Entstehung, Zinsverbot, Wesen und Wert des Geldes[30].

---

[30] Thomas von Aquin und seine Schüler erfassten das Wesen des Geldes wie Aristoteles als eine Vereinbarung. Geld als Geschöpf des Gesetzes? Siehe das „Für und Wider" hierzu bei Wittreck, Fabian: Geld als Instrument der Gerechtigkeit. Paderborn 2002, S. 330f., auch S. 279-289. Ein weiteres Beispiel für die aristotelische Tradition ist Nicolas von Oresme, der sich in der Vorrede (Prologus) zu seinem Traktat explizit auf Aristoteles beruft; siehe Nicolas von Oresme: Traktat über Geldabwertungen. De Mutatione Monetarum Tractatus. Berlin 2001, S. 3.

Huerta de Soto merkte an, dass ein weiterer Strang, eine weitere Wurzel bei Cato und Cicero (De re publica) im alten Rom zu finden ist; siehe Huerta de Soto, Jesús: Die Österreichische Schule der Nationalökonomie – Markt und unternehmerische Kreativität: Wien

Dabei befassten sich die scholastischen Denker nicht nur mit der Geldlehre, sondern gingen umfangreich und tiefschürfend ökonomischen Problemen nach, so bspw. in der Werttheorie, der Preistheorie, der Theorie des Unternehmertums oder der ökonomischen Erwartungstheorie[31].

2007, S. 43. Dennoch verortet er die eigentlichen Wurzeln in der aristotelischen Lehrtradition. Mittels der scholastischen Methode leisteten die Scholastiker durchaus herausragende Analysen zur Ökonomie. Aristoteles prägte, insbesondere durch seine Logik und sein Wissenschaftsverständnis, die scholastische Methode. Trotzdem ist Scholastik nicht gleichzusetzen mit Aristotelismus, da etliche Scholastiker mittels einwandfreier Anwendung dieser Methode gegen die durch die Lehrbücher von Aristoteles geprägte herrschende Lehre argumentierten.

Überdenkt man Ausführungen Lambertinis, dann scheint es, als habe der Streit zwischen Michael von Cesena und Papst Johannes XXII. (1245/49-1334) um den richtigen Gebrauch des Geldes den Diskussionen über die „Pecunia" Schubkraft verliehen; siehe Lambertini, Roberto: Das Geld und sein Gebrauch; in: Grubmüller, Klaus/Stock, Markus (Hrsg.): Geld im Mittelalter. Darmstadt 2005, S. 216-243.

[31] Scholastische Gelehrte, die sich mit ökonomischen Fragen auseinandersetzten, da es im engeren Sinne um die Geldlehren geht, jedoch nicht näher aufgeführt werden, waren z. B. Pierre de Jean Olivi, Antonius von Florenz, Bernhardin von Siena und Thomas de Vio Cajetan; siehe z. B. Huerta de Soto, Jesús: Die Österreichische Schule der Nationalökonomie – Markt und unternehmerische Kreativität: Wien 2007, S. 43-49 oder Woods, Thomas: Sternstunden statt dunkles Mittelalter. Aachen 2006, S. 203-214.

Scholastische Denker, die sich normativ mit der Geldtheorie befassten, waren: *Thomas von Aquin*[32], *Giles de Lessines*[33], *Jean Buridan*[34], *Nikolaus von Oresme*[35] und eine große Anzahl Gelehrter der spanischen Spätscholastik[36], auch Schule von Salamanca genannt.

---

[32] Zu Thomas von Aquin siehe bspw. die zwar sehr umfangreiche, aber auch sehr gründliche Dissertation von Wittreck, Fabian: Geld als Instrument der Gerechtigkeit. Paderborn 2002.

[33] Huerta de Soto, Jesús: Die Österreichische Schule der National-ökonomie – Markt und unternehmerische Kreativität: Wien 2007, S. 46f.

[34] Siehe Wittreck, Fabian: Geld als Instrument der Gerechtigkeit. Paderborn 2002, S. 721ff. und Woods, Thomas: Sternstunden statt dunkles Mittelalter. Aachen 2006, S. 203f.

[35] Speziell zu Oresme siehe Mäkeler, Hendrik: Nicolas Oresme und Gabriel Biel. Zur Geldtheorie im späten Mittelalter; in: Srcipta Mercature, 37. Jahrgang, Heft 1, 2003, S. 56–94, PDF-Manuskript, Rothbard, Murray Newton: Economic Thought Before Adam Smith. An Austrian Perspective on the History of Economic Thought. Volume I, Auburn 2006, S. 72-77 und Schefold, Bertram: Nicolaus Oresmius: Die Geldlehre des Spätmittelalters; in: Schefold, Bertram: Beiträge zur ökonomischen Dogmengeschichte. Düsseldorf 2004, S. 67-99.

[36] Hierzu zählen „Juristen-Theologen" und „Philosophen-Theologen" wie: Martin de Azpilcueta, Jerómino Castillo de Bovadilla, Diego de Covarrubias, Francisco García, Juan de Lugo, Juan de Mariana, Tomás de Mercado, Luis de Molina, Juan de Salas, Luis Saravia de la Calle und Francesco de Vitoria.

In den Werken der genannten Denker finden sich bereits wichtige Beiträge zur Geld-, Bank- und Währungstheorie:

- Das spontane Wirken des Marktes als Begründung zum Entstehen von Geld als Tauschmittel[37.]
- Es wurde die subjektiv empfundene Höherwertigkeit gegenwärtiger Güter[38] zu zukünftigen Gütern erkannt[39].

---

[37] Von Jean Buridan (1300-1358), siehe z. B. Woods, Thomas: Sternstunden statt dunkles Mittelalter. Aachen 2006, S. 203f.; auch Wittreck, Fabian: Geld als Instrument der Gerechtigkeit. Paderborn 2002, S. 721ff.

[38] Giles de Lessines, einer der besten Schüler Thomas von Aquins, formulierte dies schon 1285; von Martin de Azpilcueta wurde diese Theorie 1556 übernommen, siehe Huerta de Soto, Jesús: Die Österreichische Schule der Nationalökonomie – Markt und unternehmerische Kreativität. Wien 2007, S. 46f.

[39] Damit war schon im Mittelalter die Theorie der Zeitpräferenzen begründet, welche ein Eckstein der Kapital-und Zinstheorie Eugen von Böhm-Bawerks (1851-1914) ist; siehe Böhm-Bawerks Hauptwerk: Böhm-Bawerk, Eugen von: Kapital und Kapitalzins. Meisenheim am Glan 1961 (Nachdruck der Auflage von 1921).
Weitere Beisp. von Ökonomen, welche die Zeitpräferenz in ihren wirtschaftstheoretischen Arbeiten berücksichtigten: Anne Robert Jacques Turgot (1727-1781), John Rae (1796-1872), William Stanley Jevons (1835-1882), Knut Wicksell (1851-1926), Frank Albert Fetter (1863-1949), Irving Fisher (1867-1947) und Ludwig von Mises (1881-1973).

- Monetäre Arbeiten, die die negativen Folgen staatlichen Geldmonopols[40] und staatlicher Geldpolitik[41] nachweisen.
- Erste Formulierungen der Quantitätstheorie des Geldes[42].
- Wesentliche Beiträge zur Bank-, Geld- und Währungstheorie; mit Untersuchungen zu den schädlichen Wirkungen von Teilreservebanken (Kreditgeld und Inflation)[43].

---

[40] Durch Bischof Nicolas von Oresme (ca. 1325-1382), einem Schüler Buridans; Nicolas von Oresme: Traktat über Geldabwertungen. De Mutatione Monetarum Tractatus. Berlin 2001.

[41] Durch Juan de Mariana, siehe Huerta de Soto, Jesus: Biography of Juan de Mariana: The Influence of the Spanish Scholastics (1536-1624); https://mises.org/library/biography-juan-de-mariana-influence-spanish-scholastics-1536-1624.

[42] Durch Martin de Azpilcueta und vor ihm von Kopernikus, siehe Huerta de Soto, Jesús: Die Österreichische Schule der Nationalökonomie – Markt und unternehmerische Kreativität: Wien 2007, S. 47, siehe auch Woods, Thomas: Sternstunden statt dunkles Mittelalter. Aachen 2006, S. 206.

[43] Huerta de Soto und Woods nennen hier insbesondere: Martin de Azpilcueta, Juan de Mariana, Tomás de Mercado, Luis de Molina und Luis Saravia de la Calle; siehe Huerta de Soto, Jesús: Die Österreichische Schule der Nationalökonomie – Markt und unternehmerische Kreativität: Wien 2007, S. 47 ff.; Woods, Thomas: Sternstunden statt dunkles Mittelalter. Aachen 2006, S. 206, S. 208 ff. und Wittreck, Fabian: Geld als Instrument der Gerechtigkeit. Paderborn 2002, S. 725 ff.

Oft waren es aktuelle Probleme oder Angelegenheiten, welche den Anlass zu den Untersuchungen lieferten.

Für *Oresme* bspw. waren – gemäß *Mäkeler* – die Praktiken der ständigen Geldverschlechterungen in Frankreich der Anlass für seine Untersuchung über die negativen Folgen der Münzverschlechterungen[44].

Oresme verurteilte die Münzverschlechterungen aus der Sicht der Ethik des *Aristoteles* und der entsprechenden biblischen Lehren zum rechten Umgang mit Maßen und Gewichten[45].

---

[44] Mäkeler, Hendrik: Nicolas Oresme und Gabriel Biel. Zur Geldtheorie im späten Mittelalter; in: Srcipta Mercature, 37. Jahrgang, Heft 1, 2003, PDF-Manuskript, S. 64ff.; Mäkeler kennzeichnet Philipp IV. den Schönen als „Falschmünzerkönig", auf S. 65 vermerkt Mäkeler, dass der französische Turnosengroschen 1342 nur noch die Hälfte des Silberwertes von 1336 gehabt hatte.

[45] Nicolas von Oresme: Traktat über Geldabwertungen. De Mutatione Monetarum Tractatus. Berlin 2001, S. 35, so bspw. das Buch der Sprüche 10,11 oder 5. Mose 25,15. Dabei differenzierte Oresme in den verschiedenen Kapiteln des Traktats zwischen Änderungen in Gestalt, Namen, Proportionen, Gewicht oder Stoff des Geldes.

Wittreck zeigte, dass die Ausführungen von Oresme kein Widerspruch zu Thomas von Aquin sind, der vermeintlich die Münze zum notwendigen Eigentum des Fürsten erklärt hatte. Da diese Teile des Tractatus de regimine principum nicht von Thomas von Aquin stammen – Tholomeus von Lucca habe den Traktat um 62 Kapitel ergänzt – sind sie auch keine Weiterentwicklung der thomanischen Geldrechtslehre,

Außerdem sah *Oresme*, dass „schlechtes Geld das gute Geld" verdrängt; das so genannte *„Gresham'sche Gesetz"* wurde also schon Mitte des 14. Jahrhunderts durch *Oresme* erkannt und formuliert[46].

---

siehe »Thomas von Aquin als Stichwortgeber« Wittreck, Fabian: Geld als Instrument der Gerechtigkeit. Paderborn 2002, S. 705-717.

Oresme selbst vertrat dann die Meinung, dass die Münze Eigentum der Gemeinschaft ist u. die Gemeinschaft demnach auch für den Geldwert verantwortlich ist, siehe Nicolas von Oresme: Traktat über Geldabwertungen. De Mutatione Monetarum Tractatus. Berlin 2001, S. 15ff., S. 29.

[46] Nicolas von Oresme: Traktat über Geldabwertungen. De Mutatione Monetarum Tractatus. Berlin 2001, S. 43 und S. 55.

Spahn vermerkte, dass Charles P. Kindleberger (1910-2003) darauf hinwies, Henry Dunning Macleod (1821-1902) irrte sich, die Erkenntnis – „schlechtes Geld verdrängt das gute Geld" – Thomas Gresham zuzuschreiben, weil Nicolas Oresme schon 1360 diese Erkenntnis formulierte, siehe Spahn, Heinz-Peter: GELDWIRTSCHAFT, Universität Hohenheim, PDF-Manuskript, S. 40.

b) Das Zinsverbot[47]

Die scholastischen Denker hatten von Aristoteles die Ablehnung des Berechnens und Nehmens von Zinsen übernommen[48]. Dennoch führten die Entwicklungen und Änderungen der

---

[47] Eine tiefschürfende und sehr informative Darstellung zum mittelalterlichen Zinsverbot und zu den Verwerfungen durch die rechtlichen – teils verwirrenden – Streitigkeiten findet man bei Huerta de Soto, Jesús: Geld, Bankkredit und Konjunkturzyklen. Stuttgart 2011, S. 40-53.

[48] Siehe Aristoteles: Politik I, 9 (1258b), S. 63; dort heißt es: „Denn das Geld ist um des Tausches erfunden worden, durch den Zins vermehrt es sich aber durch sich selbst. Daher hat es auch seinen Namen: das Geborene ist gleicher Art wie das Gebärende, und durch den Zins (Tokos) entsteht Geld aus Geld. Diese Art des Gelderwerbs ist also am meisten gegen die Natur."

Die normativen Moralvorgaben bezüglich des Geldes durch Aristoteles wurden von den Scholastikern weitgehend übernommen. So wurde auch beim Handeln (Geldwirtschaft) zwischen „gutem Geld" und „bösem Geld" unterschieden; siehe Kamp, Hermann: Gutes Geld und böses Geld; in: Grubmüller, Klaus/Stock, Markus (Hrsg.): Geld im Mittelalter. Darmstadt 2005, S. 91-112. Rehm zeigte, dass dies auch für die mittelalterliche Kunst galt. Das hemmungslose Gieren und Wuchern um Geld wurde dementsprechend in Bildern dargestellt. Der Betrachter der Bilder kann den Gestank, der von Gier und Wucher ausgeht, zwar nicht riechen, dennoch er kann den Gestank sehen; vgl. Rehm, Ulrich: Avarus non implebitur pecunia; in: Grubmüller, Klaus/Stock, Markus (Hrsg.): Geld im Mittelalter. Darmstadt 2005, S. 135-181.

mittelalterlichen Gesellschaften durch Handel und Wandel die Scholastiker dazu, dass sie ihre normativen Gerechtigkeitslehren in Bezug auf das Zinsnehmen überdachten und neu formulierten. Um berechtigte Ausnahmen vom kanonischen Zinsverbot[49] zuzulassen, entwickelten die Scholastiker fünf Gründe[50]:

✓ *damnum emergens*

Hier handelt es sich um eine Entschädigung für unerwartete Schäden, welche bspw. durch eine verspätete Rückzahlung des verliehenen Geldes entstehen. In solchen Fällen ist die Berechnung von Zinsen statthaft, dieser Zins gilt auch nicht als Wucher. Diese Ausnahme ist wohl eher als Strafgebühr für eine verspätete Rückzahlung zu werten.

✓ *lucrum cessans*

Die Verhinderung eines statthaften größeren Gewinns. Hier soll es vermieden werden, dass dem Geldgeber ein anderweitig

---

[49] Diese Abneigung gegen die Zinsen spiegelte sich im kanonischen Zinsverbot (Wucher) der mittelalterlichen Kirche, wobei die offiziellen Texte nur den übertreibenden Wucher verdammen, siehe Le Goff, Jacques: Wucherzins und Höllenqualen. Stuttgart 1988, S. 75, dort führte Le Goff als Beispiele die Beschlüsse von Konzilien an.
Zinsverbote findet man auch in anderen Religionen, z. B. im Islam.
[50] Siehe Le Goff, Jacques: Wucherzins und Höllenqualen. Stuttgart 1988, S. 75ff., außerdem Wittreck, Fabian: Geld als Instrument der Gerechtigkeit. Paderborn 2002, S. 263-271, S. 478-488 und die Verweise auf S. 727.

möglicher Vorteil entgeht. Wenn der Geldverleiher sein Geld, anstatt es zu verleihen, anderswo hätte verwenden können, und der Geldverleiher dann einen Gewinn hätte erzielen können, so wäre dem Geldverleiher ein statthafter Gewinn entgangen. Dieser statthaft mögliche, aber entgangene Gewinn berechtigt zum Nehmen von Zinsen, um den Verlust zu mindern oder auszugleichen.

✓ *stipendium laboris*

Hier werden die Zinsen als Lohn für Arbeit betrachtet und gelten somit nicht als Wucher. Zinsen sind eine Bezahlung der Zeit, und da die Zeit ausschließlich das Eigentum Gottes ist, ist das Nehmen von Zinsen eine Form von Diebstahl an Gott[51]. Deshalb war dieser Grund für die gelehrten scholastischen Magistri selber eine Art Rettungsanker; denn nun galt die Bezahlung der Zeit, die an den Schulen und Universitäten für die Lehre und den Unterricht aufgewandt wurde, nicht als Wucher, sondern als legitime Art von Arbeit. Und diese Arbeit war entsprechend zu entlohnen[52].

---

[51] Siehe auch Mäkeler, Hendrik: Nicolas Oresme und Gabriel Biel. Zur Geldtheorie im späten Mittelalter; in: Srcipta Mercature, 37. Jahrgang, Heft 1, 2003, PDF-Manuskript, S. 9 und die dortigen Fußnoten 11 u. 12.
[52] Bei dieser Ausnahme darf man wohl fragen: „Cui bono – wem nutzt es?"

✓ *periculum sortis*

Hier soll das auftretende Risiko, das verliehene Geld zu verlieren, abgemildert werden. Wenn die Gefahr gegeben ist, dass verliehenes Geld nicht zurückgezahlt wird, sei es wegen Zahlungsunfähigkeit oder auch wegen der Böswilligkeit des Schuldners, dann ist es legitim, die Zinsleihe zu betreiben.

✓ *ratio incertitudinis*

Diese Ausnahme betrifft die Erwägung von Unsicherheit und von Unwissenheit. Mit diesem Begriff, der auch durch *Aristoteles* beeinflusst ist, ziehen Sicherheit, Unsicherheit und Unwissenheit in das Rechtsdenken und in das Kalkül der wirtschaftenden Menschen ein. Die Unsicherheiten im Wirtschaftsprozess lassen eine maßvolle Zinsleihe als legitim erscheinen.

c) Würdigung der Scholastik

Etliche Erkenntnisse der Scholastik gingen beim Übergang zur Neuzeit und Moderne verloren[53]. Das war ein bedeutender Verlust, da die scholastischen Beiträge zur allgemeinen Ökonomie und auch speziell zur Geldtheorie, trotz ihres meist normativen Charakters, bezüglich der Tiefe des analytischen Durchdringens ökonomischer Problemstellungen fundiert und erkenntnisreich waren.

---

[53] Die aristotelisch-scholastische Methode geriet im Gefolge der Reformation in Verruf; wurde später sogar von Hegel in polemischer Weise verrissen und ins Lächerliche gezogen. Im Gefolge der katholischen Neuscholastik im 19. Jahrhundert stellte dann der einflussreiche protestantische Jurist Rudolf von Ihering – nach Erscheinen der 1. Auflage seines Buches ‚Der Zweck im Recht' wurde Ihering auf die „Lex Traktate" des Aquinaten hingewiesen – nur noch „staunend" in der 2. Auflage des 2. Bandes des Buches fest: „Wie war es möglich, daß solche Wahrheiten, nachdem sie einmal ausgesprochen waren, bei unserer protestantischen Wissenschaft so gänzlich in Vergessenheit geraten konnten? Welche Irrwege hätte sie sich ersparen können, wenn sie dieselben beherzigt hätte! Ich meinerseits hätte vielleicht mein ganzes Buch nicht geschrieben, wenn ich sie gekannt hätte, denn die Grundgedanken, um die es mir zu tun war, finden sich schon bei jenem gewaltigen Denker in vollendeter Klarheit und prägnantester Form ausgesprochen."; zitiert nach Lippert, Stefan: Recht und Gerechtigkeit bei Thomas von Aquin. Marburg 2000, S. 5, dort wird auch auf Hegels Polemik hingewiesen.

Während sogenannte „moderne und aufgeklärte Wissenschaftler" die Scholastik und ihre Methoden für steril, nutzlos und belanglos erklären und die Beschäftigung mit der Scholastik als vertane Zeit ansehen, haben Anhänger der „Wiener Schule der Ökonomie" bezüglich der scholastischen Lehren und Gelehrten eine andere Sichtweise und verschiedene Arbeiten hierzu vorgelegt:

➤ Für *Joseph Alois Schumpeter* (1883-1950) sind die Spätscholastiker „mehr als jede andere Gruppe die ‚Begründer' der Wirtschaftswissenschaften."[54]

➤ *Friedrich August von Hayek* (1899-1992) berief sich beispielsweise in seiner Nobelpreisrede auf die Schule von Salamanca[55] als Vorläuferin der modernen „Wiener Schule der Ökonomie".

➤ Eine der Schülerinnen *Hayeks, Marjorie Grice-Hutchinson* (1909-2003), erforschte umfassend das ökonomische Denken der Spätscholastik[56].

---

[54] Schumpeter, Josep Alois: Geschichte der ökonomischen Analyse, Bd. 1. Göttingen 1965, S. 143.

[55] Hayek, Friedrich August von: Die Anmaßung von Wissen; in: Hayek, Friedrich August von: Die Anmaßung von Wissen. Neue Freiburger Studien. Tübingen 1996, S. 8 und die dortige Fußnote 5. Siehe auch Hayek, Friedrich August von: Recht, Gesetz und Freiheit, Band 1. Landsberg 1980, S. 37 und S. 198, Fußnote 22.; Hayek, Friedrich August von: Recht, Gesetz und Freiheit, Band 2. Landsberg 1981, S. 228, Fußnote 15.

[56] Grice-Hutchinson, Marjorie: The School of Salamanca. Oxford 1952.

> Eine Lanze für die spanische Spätscholastik als Vorläufer der „Wiener Schule der Ökonomie" bricht der Argentinier *Alejandro A. Chafuen*, Kurator des Acton-Instituts und Dozent der Acton-University[57].

> *Murray Newton Rothbard* (1926-1995) zeigte in seinem umfangreichen wissenschaftlichen Werk auf, dass die Arbeiten der Scholastiker im späten 19. Jahrhundert in den Arbeiten der „Wiener Schule der Ökonomie" mündeten[58].

> Der spanische Ökonomieprofessor *Jesús Huerta de Soto* sieht die „Wiener Schule der Ökonomie" als moderne Fortsetzung und Weiterentwicklung der spanischen Spätscholastik[59]. *Huerta de Soto* verortet die Wurzeln der

---

[57] Chafuen, Alejandro A.: Faith and Liberty: The Economic Thought of the Late Scholastics. Lanham 2003. Die erste Fassung des Buches erschien 1986 unter dem Titel: Christians for Freedom: Late-Scholastic Economics. San Francisco 1986.

[58] Rothbard, Murray Newton: Economic Thought Before Adam Smith. An Austrian Perspective on the History of Economic Thought. Volume I, Auburn 2006, S. 99-133.

[59] Huerta de Soto, Jesús: New Light on the Prehistory of the Theory of Banking and the School of Salamanca; https://cdn.mises.org/rae9_2_4_2.pdf; ders.: Biography of Juan de Mariana: The Influence of the Spanish Scholastics (1536-1624); https://mises.org/library/biography-juan-de-mariana-influence-spanish-scholastics-1536-1624; ders.: Die Österreichische Schule der Nationalökonomie – Markt und unternehmerische Kreativität. Wien 2007, S. 44-49; ders.: Geld, Bankkredit und Konjunkturzyklen. Stuttgart 2011, S. 57-67 und S. 422-429. Huerta de Soto betont, dass die

scholastische Denktradition keineswegs abbrach, sondern in Spanien bis weit ins 19. Jahrhundert weiterbestand. Ein Beispiel ist der Jesuitenpater Jaime Balmes (1810-1848), der einen brillanten wirtschaftstheoretischen Aufsatz ganz in der Tradition der oben genannten großen Denker schrieb; dabei nahm Balmes wesentliche Erkenntnisse der sich erst dreißig Jahre später etablierenden Grenznutzenschule der Ökonomie vorweg. Huerta de Soto (https://mises.org/library/biography-juan-de-mariana-influence-spanish-scholastics-1536-1624) sieht außerdem den Franzosen Jacques Turgot und den Iren Richard Cantillon durch die Spätscholastik beeinflusst. Dadurch scheinen auch spätscholastische Ideen in die Arbeiten der britischen Whigs eingeflossen zu sein. (Siehe hierzu und den folgenden Gedanken auch Woods, Thomas: Sternstunden statt dunkles Mittelalter. Aachen 2006, S. 214-219 und Taghizadegan, Rahim: Das Versagen der Volkswirtschaftslehre; in: Hoffmann, Christian / Bessard, Pierre (Hrsg.): Aus Schaden klug? Zürich 2009, S. 79ff.). Außerdem kam durch die Heirat von Maria I. (Mary Tudor) mit Philipp II. von Spanien, Gedankengut der Schule von Salamanca nach England; trotz oder gerade durch die religiösen Konflikte und Spannungen. Auch die Naturrechtslehre eines Hugo Grotius ist durch die spanische Spätscholastik beeinflusst, trotz des 80-jährigen Unabhängigkeits-kampfs und der Loslösung der nördlichen, protestantischen nieder-ländischen Provinzen von Spanien. Weiterhin vermerkte Huerta de Soto (https://mises.org/library/biography-juan-de-mariana-influence-spanish-scholastics-1536-1624), dass Diego de Covarrubias auf die Italiener Bernardo Davanzati und Ferdinando Coelestinus Galiani Einfluss hatte, und an dieser Stelle merkte Huerta de Soto noch besonders an, dass das Werk Diego de Covarrubias' von Carl Menger

„Wiener Schule der Ökonomie" in den Naturrechtslehren der spanischen Spätscholastik und nennt diese Epoche das spanische goldene Zeitalter[60].

➢ Für *Jörg Guido Hülsmann*, Ökonomieprofessor in Frankreich an der Universität Angers, ist der Traktat von *Oresme* ein Meilenstein der Geldtheorie und für Jahrhunderte unübertroffen. Außerdem verweist *Hülsmann* oftmals auf die scholastischen Arbeiten zur Ökonomie des *Aquinaten*, bis hin zur iberischen Spätscholastik[61]. *Hülsmann* selbst steht – meiner Meinung nach wohl unbestreitbar – auch in dieser Tradition.

---

zitiert wurde [Carl Menger, Principles of Economics (New York: New York University Press, 1981), p. 317].

[60] Huerta de Soto, Jesús: Die Österreichische Schule der Nationalökonomie – Markt und unternehmerische Kreativität. Wien 2007, auf S. 52 und Huerta de Soto, Jesus: Biography of Juan de Mariana: The Influence of the Spanish Scholastics (1536-1624); https://mises.org/library/biography-juan-de-mariana-influence-spanish-scholastics-1536-1624.

[61] Vgl. bspw. Hülsmann, Jörg Guido: Ethik der Geldproduktion. Waltrop 2007, S. 21ff. und Hülsmann, Jörg Guido: Nicholas Oresme and the First Monetary Treatise; https://mises.org/library/nicholas-oresme-and-first-monetary-treatise.

2) Moderne und Neuzeit

a) Die Vorklassik: Merkantilismus – Physiokratie – vorklassischer Liberalismus

Die Vorklassik umfasst die Zeit vom Beginn der Entdeckungen (Afrika, Asien und Amerika) bis hin zum Anfang der Klassik beginnend mit *Adam Smith*. Zeitlich überlappen sich hier die Einteilungen in Merkantilismus, Physiokratie oder vorklassischem Liberalismus.

Die praktischen und theoretischen Eckpunkte jener Zeit werden nachfolgend kurz aufgeführt.

Merkantilismus

Dem Merkantilismus liegt kein einheitliches theoretisches Konzept zugrunde, sondern vielmehr enthält er eine Vielzahl wirtschaftspolitischer Maßnahmenbündel, die den Reichtum des jeweiligen Staates steigern sollen. Die merkantilistische Periode währte vom 16. bis zum Ende des 18. Jahrhunderts[62].

---

[62] Nach Adam Smith, der den Begriff Merkantilismus prägte, umfasste das merkantilistische System die Zeit von 1500/1550 bis etwa 1750; im Anschluss daran folgte die Physiokratie. Die wirtschaftspolitischen Ansichten wurden besonders von den absolutistischen Fürsten und ihren führenden Beamten bevorzugt; Smith, Adam: Der Wohlstand der Nationen. München 1978, S. 347-411, dort findet sich teilweise eine sehr harte Kritik am politischen System des Merkantilismus.

In den einzelnen Staaten wurden dabei unterschiedliche Varianten des merkantilistischen Systems entwickelt, bspw. in Frankreich der Colbertismus und in den deutschen Staaten der Kameralismus[63]; jedoch war der wirtschaftspolitische Interventionismus das Markenzeichen aller merkantilistischen Spielarten.

Der Reichtum eines Staates definierte sich in diesem System über seine Edelmetalle[64]:

---

[63] Der deutsche Merkantilismus wird meist als „Kameralismus" bezeichnet und ist auch als „Polizeywissenschaft" bekannt; diese überlappte sich vielfältig mit dem „Kameralismus". Die falschen Assoziationen, die der Ausdruck „Polizeywissenschaft" heutzutage weckt, weil er mehr umfasst als der heutige Begriff „Polizei", sind mit Blick auf den preußischen Staat gleichwohl treffend: „Ausländerpolizei", „Baupolizei", „Gewerbepolizei" oder „Marktpolizei"; „Polizeywissenschaft" wurde ab 1727 an preußischen Universitäten Lehrfach. Die preußische „Polizeywissenschaft" passt zum kollektivistischen Staatsverständnis des preußischen Obrigkeitsstaates, das schon im preußischen Fahneneidlied symbolisch verankert ist: „Wer je auf die preußische Fahne schwört, hat nichts mehr, was ihm selber gehört".
Zu mehr an Informationen zum deutschen Kameralismus siehe Obert, Marcus: Die naturrechtliche «politische Metaphysik» des Johann Heinrich Gottlob von Justi (1717-1771). Bern 1992.
[64] Als Geld galten damals Gold und Silber, da Bimetallismus die Regel war, dies ist ein Geld- und Währungssystem auf der Basis von Kurantmünzen aus Gold und Silber. Detailliert zum Bimetallismus der

Hohe Bestände an edlen Metallen im eigenen Land zu halten war Ziel der Politik. Die Gold- und Silbergewinnung wurde deshalb stark gefördert. Geld stand im Mittelpunkt aller wirtschafts-politischen Maßnahmen. Ein Staat, der über große Mengen an Gold und Silber verfügte, galt als wohlhabend und reich[65]. Daraus folgte, dass die Politik der Fürsten und ihrer leitenden Beamten der immerwährende Versuch war, Gold- und Silber-

---

merkantilistischen Epoche siehe Föste, Wilga: Das Geld im ökonomischen Denken des Merkantilismus. Marburg 2015, besonders das Kapitel 3.2, S. 104-145.

[65] Besser gesagt, die merkantilistischen Geldtheoretiker (bspw. Jean Bodin, William Petty, Richard Cantillon, John Law oder Ferdinando Galiani) sahen, dass der Bestand an Edelmetallen stellvertretend für Reichtum stand, da das Edelmetall – also das Geld – nur eines der Mittel ist, das bei klugem Einsatz den Reichtum des Landes erhöht. Vgl. Stavenhagen, Gerhard: Geschichte der Wirtschaftstheorie. Göttingen 1969, S. 418f. Nichtsdestoweniger war die praktische Politik oft ein Gold- und Silberhorten durch die Fürsten, auch wenn dauerhafte Exportüberschüsse unsinnig sind. Die Fürsten benötigten für ihre Kriegsspiele größere Vorräte an Edelmetall, um militärische Ausein-andersetzungen längere Zeit durchzuhalten, denn nur Gold und Silber waren Geld; siehe Bökenkamp, Gérard: Merkantilismus und Neo-merkantilismus: Ein Juliusturm voll Altpapier; https://ef-magazin.de/2010/12/20/2746-merkantilismus-und-neomerkantilismus-ein-juliusturm-voll-altpapier: „Im europäischen Mächtesystem der Militärmonarchien des 18. Jahrhunderts war es deshalb sinnvoll, einen Goldschatz zu besitzen, weil jederzeit ein bewaffneter Konflikt ausbrechen konnte."

abflüsse an das Ausland zu unterbinden, die Edelmetalle sollten im eigenen Land bleiben[66]. Das Ziel der Wirtschaftspolitik war es demnach, möglichst viele Edelmetalle in die Staatskasse zu spülen.

Daraus ergeben sich zwangsläufig folgende interventionistische Schwerpunkte[67]:

---

[66] Oder anders formuliert: Gold und Silber sollten vorrangig die Schatullen des regierenden Fürsten füllen. Daher war für merkantilistischen Autoren und Beamten „Ökonom" ein Beruf, nicht Berufung. Das ähnelt oder gleicht den meisten der heute vom Staat beschäftigten oder durch Gutachtertätigkeit üppig entlohnten „Ökonomen" – „Wes Brot ich ess', des Lied ich sing!" Damals wie heutzutage auch!
Joseph T. Salerno arbeitete den Unterschied zwischen den „Ökonomen aus Berufung" und den „Berufsökonomen" im Juli 2019 fein heraus; https://www.misesde.org/2019/08/der-oekonom-nur-beruf-oder-berufung-teil-1/; https://www.misesde.org/2019/08/der-oekonom-nur-beruf-oder-berufung-teil-2/.

[67] Siehe bspw. zur Wirtschaftspolitik im Merkantilismus: Bauhaus-Universität Weimar, Seminar „Historische Positionen des Ökonomischen Denkens" WS 2007/2008; Referenten: Nancy Richter u. a., PDF-Manuskript, S. 2-7; Bortis, Heinrich: IV. Die Epoche des Merkantilismus. Universität Freiburg (Ch), PDF-Manuskript, S. 26f.; ders.: Die Entstehung des klassischen Systems. A. Merkantilismus und Kameralismus. Universität Freiburg (Ch), PDF-Manuskript, S. 16-21.

=> Handelspolitik

- Angestrebt wurde eine aktive Handelsbilanz, was bedeutet, dass der Wert der exportierten Güter den Wert der importierten Güter übersteigen sollte.
- Dies wollte man erreichen durch eine aktive Exportförderung bei Fertigwaren; gleichzeitig verhängte man Einfuhrverbote oder erhob hohe Zölle auf Fertigprodukte.
- Regelmäßig wurde die Ausfuhr von Rohstoffen verboten, zumindest jedoch stark eingeschränkt und behindert; bei gleichzeitiger Förderung der Einfuhr von Rohstoffen.

  Ein Beispiel hierfür sind die englischen Navigationsakten, die seit dem 01.12.1651 den Importhandel, die Fischerei und den englischen Küstenhandel regelte. Vorrangiges Ziel war es, den niederländischen Überseezwischenhandel auszuschalten[68].

---

[68] „Um die Zunahme der Seemacht zu fördern und die Schifffahrt dieser Nation zu ermutigen, die unter der guten Fürsorge und im Schutze Gottes ein so großes Mittel der Wohlfahrt und Sicherheit dieses Gemeinwesens ist, wird durch dieses Parlament verfügt, dass vom 1. Dezember 1651 an Güter oder Waren, welcher Art immer, die aus Asien, Afrika oder Amerika stammen, sowohl von den englischen als von anderen Kolonien in die englische Republik eingeführt werden sollen, auf keinem anderen Schiffe, als nur einem wirklich dem Volke dieser Republik zugehörigen und wovon Kapitän und Matrosen zum größten Teil Engländer sind, unter der Strafe des Verlustes aller Güter, die im Widerspruch zu diesem Gesetz eingeführt werden sollen, als auch des Schiffes ...

* Ebenso wurde durch erste Formen von Industriespionage versucht, ausländisches Know-how ins Inland zu holen; parallel dazu wurde es Spezialisten unter Androhung harter Strafen untersagt auszuwandern. Ebenso wurden Werber, die inländische Experten abwarben, bzw. abwerben wollten, hart bestraft.

In den deutschen Landen wurde dazu noch eine aktive Einwanderungspolitik betrieben (Peuplierungspolitik). Durch die Politik im preußischen Kameralismus wurden ab den Zeiten des Großen Kurfürsten Hugenotten und andere protestantische Flüchtlinge ins Land geholt. Friedrich der Große holte französische Beamte ins Land, damit diese die preußische Bürokratie (die Herrschaft der Schreibstube) nach französischem Vorbild organisierten[69].

* Die staatlichen Aufträge sollten möglichst nur an das inländische Gewerbe vergeben werden.

Und es wird weiter verordnet, dass keine Waren, die aus Europa stammen, nach dem 1. Dezember 1651 nach England eingeführt werden auf irgendeinem Schiff, es sei denn wirklich englisch, ausgenommen solche fremden Schiffe, die dem Volke des Landes gehören, aus dem die Güter stammen und das unter der gleichen Strafe ..." [aus Wikipedia.de, enthalten im Artikel zur Navigationsakte, abgerufen im Juli 2011].

[69] Mises, Ludwig von: Die Bürokratie. Königswinter 1997, S. 32. Mises macht deutlich, dass die oft gehasste und bewunderte preußische Verwaltung ein Import aus Frankreich war.

=> Innen-, Gewerbe- und Infrastrukturpolitik

- ✗ Staatliche Förderung des inländischen Gewerbes. Erste Großbetriebe (Manufakturen) entstanden, die auf Vorrat fertigten und in Ansätzen schon billige Massenproduktion einführten.
- ✗ Ausbau des Verkehrsnetzes, bspw. in Frankreich vielfältige staatliche Maßnahmen im Straßen- und Kanalbau.
- ✗ In Frankreich (Colbertismus) fielen Binnenzölle fort, dies waren Zölle für Brücken, Wege, Geleitschutz und so weiter, ebenso wurden Stapelrechte[70] oder Umschlagsrechte[71] abgeschafft oder zumindest eingeschränkt.
- ✗ Es wurden Privilegien und Subventionen gewährt als aktive Gewerbepolitik, um insbesondere neue Unternehmen zu fördern und Anreize für Unternehmensgründungen zu setzen[72].

---

[70] Eine Stadt verlangte von durchziehenden Kaufleuten, dass diese ihre Waren für einen bestimmten Zeitraum im Stadtgebiet abluden – „stapelten" – und den Bürgern der Stadt zum Kauf anboten. Häufig konnten sich die Kaufleute durch Zahlung eines Stapelgeldes von der Stapelpflicht befreien.

[71] Durchziehende Kaufleute mussten ihre Waren, bevor sie durch eine Stadt ziehen durften, von den bisherigen Transportmitteln abladen und mit Transportmitteln der Stadt (z. B. Karren oder Schiffe) weiterbefördern.

[72] Bei einer Führung durch den Zwinger in Dresden wurde über August den Starken folgendes berichtet: Wenn Hoffeste im Zwinger

Die natürlichen Risiken, die von einer solchen Politik ausgehen, sind bspw.:

⇨ Probleme mit anderen Staaten, insbesondere handelspolitische Konflikte, wie z. B. die Seekriege zwischen England und den Niederlanden in der Folge der (siehe oben) Navigationsakte[73].

⇨ Gefahr von allgemeinen Preissteigerungen, falls die Politik des Geldüberschusses erfolgreich ist; denn eine gestiegene, umlaufende Geldmenge ist immer die Ursache für Teuerungen.

⇨ Schlechtere oder teurere Versorgung der eigenen Bevölkerung und Unternehmer und damit sinkender Konsum aufgrund von Zöllen und Importverboten.

---

stattfanden, dann wurden aus der Bürgerschaft ausgewählte Gruppen zwangsweise eingeladen, diese waren dann Zuschauer auf den Rundgängen. Diese Bürger waren verpflichtet, sich für ein solches Fest neu einzukleiden; folglich hatten Schneider, Schuster, Friseure etc. im Vorfeld eines Zwingerfestes sozusagen per Dekret des Kurfürsten zusätzliche Aufträge und bezahlten natürlich auch mehr an Steuern. Selbst die Kosten eines Hoffestes wurden somit durch privilegierte Zwangsmaßnahmen zumindest teilfinanziert.

[73] Claude-Frédéric Bastiat „Wenn nicht Waren die Grenzen überschreiten, dann werden es Armeen tun."; zitiert nach Bagus, Philipp: Die Tragödie des Euro. München 2011, S. 114.

Arbeiten zur Geldtheorie wurden während der merkantilistischen Epoche bspw. von *Thomas Gresham, William Petty, Richard Cantillon, John Law* und *Ferdinando Galiani* vorgelegt.

Sir Thomas Gresham (1519–1579) untersuchte die Wirkungen, welche die ständigen Münzverschlechterungen[74] mit sich brachten. *Gresham* kam zu dem Schluss, dass bei unterschiedlicher Münzqualität die Menschen zuerst das schlechte Geld ausgeben und das gute Geld behalten[75]. Das schlechte Geld verdrängt das gute Geld aus dem Handel, es wird vermehrt für Transaktionen genutzt, mehrfach umgeschlagen und führt somit zu Preissteigerungen. Dieser Effekt, dass das schlechte Geld das gute Geld vom Markt verdrängt, wird „*Gesham'sches Gesetz*" genannt[76].

---

[74] Siehe das Beispiel in Fußnote 44: Zwischen 1336 und 1342 verlor der französische Turnosengroschen die Hälfte des Silbergehalts.

[75] Um im Beispiel der Fußnote 44 zu bleiben: Ein Turnosengroschen von 1336 wurde gehortet und der Groschen von 1342, der, trotz 50% geringerem Silbergehalt den gleichen Nennwert hatte und den gleichen Wert symbolisieren sollte, wurde folglich ausgegeben.

[76] Schmölders, Günter: Gutes und schlechtes Geld. Frankfurt/M. 1968, S. 26 und S. 44. Immer gilt Greshams Gesetz nicht. Ist das Vertrauen in die einheimische Valuta geradezu miserabel, weichen Menschen bspw. in eine ausländische Valuta aus, die im Vergleich zur heimischen stabiler scheint.

Der Ausgangspunkt bei *Sir William Petty*[77] (1623-1687) ist die Frage nach dem Geldbedarf der Wirtschaft eines Landes. Die wesentlichen Eckpunkte in *Pettys* Analyse zur Quantitätstheorie des Geldes sind:

- Die umlaufende Geldmenge hat den Zahlungsgewohnheiten im Lande zu entsprechen.

- Die Zahlungsgewohnheiten – also die Ausgaben – spiegeln sich in periodischen Zeitabständen.

- Je kleiner die Perioden sind, in welchen die Transaktionen einer Volkswirtschaft stattfinden, umso weniger Geld wird materiell benötigt, weil die Geldmenge mehrfach umgeschlagen wird. Die Perioden für England beliefen sich in jener Zeit auf wöchentliche Lohnzahlungen, dreimonatige Hausmieten und halbjährliche Grundrenten.

- Dadurch ist das jährliche Volkseinkommen höher als die real umlaufende Geldmenge, weil das Geld wöchentlich, viertel- und halbjährlich umgeschlagen wird.

---

[77] Zum Geld bei William Petty siehe Anderegg, Ralph: Grundzüge der Geldtheorie und Geldpolitik. München 2007, S. 32 und S. 151f., Bortis, Heinrich: Die Entstehung des klassischen Systems. A. Merkantilismus und Kameralismus. Universität Freiburg (Ch), PDF-Manuskript, S. 33f.; allgemein zu Petty siehe Klingen, Heino: Politische Ökonomie der Präklassik. Marburg 1992, S. 23-66.

Richard Cantillon (1680–1734) stellte die Frage nach der Wirkung des Geldes. Gemäß *Anderegg*[78] ist *Cantillon* der erste Geldtheoretiker, der systematisch die Wirkungen der Geldmenge und der Umlaufgeschwindigkeit des Geldes bezüglich der Preise analysiert hat. *Cantillons* Analyse zeigt folgendes[79]:

◆ Nicht nur quantitative Effekte spielen eine Rolle im Preisgefüge zwischen der Geldmenge und dem Gütermarkt.

◆ Zu untersuchen ist der gesamte Prozess einer Geldmengenerhöhung und ihrer Wirkung auf die Endpreise der unterschiedlichsten Güter mittels einer differenzierten Analyse.

    ✖ Eine Geldmengenerhöhung führt zunächst bei einzelnen Bevölkerungsgruppen zu einem gestiegenen Einkommen.

    ✖ Erhöhen diese Gruppen durch das zusätzliche Einkommen ihre Konsumgüternachfrage, werden die Preise für Konsumgüter zwangsläufig steigen.

---

[78] Anderegg, Ralph: Grundzüge der Geldtheorie und Geldpolitik. München 2007, S. 152.

[79] Anderegg, Ralph: Grundzüge der Geldtheorie und Geldpolitik. München 2007, S. 32 und S. 152f.

Stufenartig lässt sich der Prozessablauf wie folgt darstellen[80]:

➢ Durch eine Geldmengenerhöhung ist mehr Geld in die Wirtschaft gelangt.

➢ Einige Bevölkerungsteile sind die Nutznießer der Geldmengenerhöhung.

➢ Diese Nutznießer erhöhen ihre Nachfrage nach Konsumgütern und verleihen das nicht ausgegebene zusätzliche Geld.

➢ Die Produktion kann nicht so schnell auf die gestiegene Güternachfrage reagieren, folglich steigen – bei zunächst unveränderter Gütermenge – bei den zusätzlich nachgefragten Gütern die Preise. Daraus folgt, dass sich das Preisgefüge zunächst ändern muss.

➢ Die Unternehmen werden wegen der gestiegenen Preise höhere Gewinnmöglichkeiten bei den vermehrt nachgefragten Produkten sehen und die Produktion dieser Güter ausdehnen.

➢ Unternehmer werden also in diesen Produktionsbereichen investieren und dadurch selber zu zusätzlichen Nachfragern von Investitionsgütern.

---

[80] Siehe Anderegg, Ralph: Grundzüge der Geldtheorie und Geldpolitik. München 2007, S. 153.

> ➤ Langfristig wird das gesamte Preisniveau erhöht und geändert.

> ➤ Die Änderung des Preisgefüges wird dauerhaft sein, da die Menschen normalerweise keine einheitliche Nachfrage-struktur haben, auch nicht bei für alle Menschen gleich-mäßig gestiegenem Einkommen.

Des Weiteren geht *Cantillon* davon aus,

- dass eine gestiegene Geldmenge zu sinkenden Zinsen führt.

- Ferner bewirkt eine erhöhte Kassenhaltung von Geldmitteln – Geld als Vermögenstitel –, dass tendenziell Preis-steigerungen abgemildert werden.

- Auch ist *Cantillon* der Ansicht, dass ebenfalls gesunkene Produktions-/ Abbaukosten bei den Edelmetallen zu ähnlichen Effekten führen wie eine Geldmengenerhöhung[81].

---

[81] Gold und Silber waren damals natürliches Geld, siehe Fußnote 64. Zu Cantillon siehe Klingen, Heino: Politische Ökonomie der Präklassik. Marburg 1992, S. 67-128, für Klingen ist Cantillion nicht der „erste Österreicher" (vgl. S. 96-102); siehe zudem Kruse, Alfred / Lechner, Hans H.: Geld und Kredit. Ausgewählte Texte zur Geschichte einer Wissenschaft. Stuttgart 1970, wo auf S. 348 Cantillons Wechselkurstheorie gewürdigt, bzw. auf S. 350-356 vorgestellt wird und Söllner, Fritz: Die Geschichte des ökonomischen Denkens. Berlin 2001. S. 14.

Friedrich August von Hayek hat diesen Prozess, den „*Cantillon-Effekt*"[82], in seinem Werk eingehend beschrieben. In der Form, wie *Hayek* den Ablauf beschreibt, zeigt der „*Cantillon-Effekt*" die Situation einer Nicht-Neutralität des Geldes[83].

Der Schotte *John Law* (1671-1729), der in Frankreich mit seiner Mississippi-Gesellschaft nebst einem dieser Gesellschaft vorge-schaltetem Papiergeldexperiment, kläglich scheiterte, betonte auch die realen Effekte einer Geldmengenexpansion. Er sah in einer steigenden Geldmenge erhebliche Vorteile, um die Wirtschaft zu stimulieren. Für ihn stellten die Edelmetalle, da diese nur begrenzt verfügbar sind, ein Wachstumshindernis dar; das Papiergeld unterliege hingegen keinerlei Restriktionen, so

---

Eine kritische Würdigung des praktischen Bankiers Cantillon ist zu finden in Huerta de Soto, Jesús: Geld, Bankkredit und Konjunktur-zyklen. Stuttgart 2011, S. 78ff.; dort wird gezeigt, wie Cantillon als echter Teilreserve-Bankier durch Spekulationen mit den Wertpapieren seiner Kunden im Rahmen der Blase der Mississippi-Gesellschaft des John Law zu großem Reichtum kommt, während seine Kunden, als die Blase platzte, nur wertloses Papier in Händen hielten. Huerta de Soto beschreibt auch (S. 431) die theoretische Begründung Cantillons für ein Teilreservebanksystem, mit einem Reservesatz von 10%.

[82] Zu Ehren Cantillons wurde dieser Effekt, der Einfluss von Geldmengenänderungen auf die Struktur der Preise, nach ihm selbst – „Cantillon-Effekt" – genannt.

[83] Hayek, Friedrich August von: Preise und Produktion. Wien 1976, (Reprint der 1. Auflage von 1931), S. 9ff.

dass die Geldmenge immer den Bedürfnissen der Wirtschaft angepasst werden kann[84].

Der Neapolitaner *Ferdinando Galiani* (1728-1787) veröffentlichte sein ökonomisches Hauptwerk ‚Della Moneta' mit noch nicht 25 Jahren. Durch das Buch wurde *Galiani* in der damaligen Gelehrtenwelt bekannt, denn *Galiani* gelang es nachzuweisen, dass das Geld einen Wert an sich hat[85]. Die damals herrschende Meinung war, dass der Wert des Geldes willkürlich festgesetzt

---

[84] Law, John: Money and Trade. 1705/07: „Real Bills Doctrine", siehe Albring, Stephanie: John Law, der Vater des Papiergeldes. Hausarbeit, Universität Münster, PDF-Manuskript S. 5ff.
Zu den französischen Papiergeldexperimenten siehe auch Hayek, Friedrich August von: Geschichte des Geldwesens; in: Hayek, Friedrich August von: Geld und Konjunktur, Band 1. Tübingen 2015, S. 411-430.
[85] Galiani, Ferdinando: Über das Geld. Düsseldorf 1999.
Die Altersangaben zum Autor bei der Ersterscheinung von Della Moneta sind in der Literatur unterschiedlich, es werden 21, 22 und 24 Jahre genannt.Gründlich beschäftigte sich Föste mit Galiani, besonders im 3. Kapitel, siehe Föste, Wilga: Das Geld im ökonomischen Denken des Merkantilismus. Marburg 2015, S. 71-145.
Hayek erwähnt Galiani als einen der Vertreter der subjektiven Werttheorie des Geldes im 18. Jh.; siehe Hayek, Friedrich August von: Carl Menger (1840-1921); in: Sozialwissenschaftliche Denker. Tübingen 2017, S. 145 und Hayek, Friedrich August von: Wiener Schule; in: Sozialwissenschaftliche Denker. Tübingen 2017, S. 177.

wird. Das Buch enthält zudem eine überaus geistreich geschriebene Kulturgeschichte des Geldes[86].

Im Frankreich des *Ludwig XV.*, unter der Regentschaft des *Herzogs von Orléans*, hatte *John Law* die Chance, seine Ideen umzusetzen. Zunächst stimulierte das Papiergeldexperiment auch das Wachstum der Wirtschaft, aber die Überemission von Banknoten führte zur Preisinflation und mündete letztendlich in eine für Frankreich enormen Vertrauenskrise in das Papiergeldsystem.

Nur diejenigen unter den Spekulanten, die rechtzeitig – so wie *Richard Cantillon* – aus der Mississippi-Gesellschaft und dem damit verbundenen Papiergeld ausstiegen, machten enorme Gewinne. Die einfachen, gutwilligen Anleger und Sparer hingegen mussten große Verluste hinnehmen, bis hin zum Bankrott und zur totalen Verarmung[87]. Außerdem lastete die Geldentwertung schwer auf der Bevölkerung.

---

[86] Dies hebt Löffler besonders hervor; siehe Löffler, Bernhard: Die kulturelle Seite der Währung. Berlin 2019, S. 9.

[87] Söllner, Fritz: Die Geschichte des ökonomischen Denkens. Berlin 2001, S. 14; mit viel Biss und einer guten Portion Ironie beschreiben Bonner und Wiggin dieses und andere Krisenszenarien; siehe Bonner, William / Wiggin, Addison: Tage der Abrechnung. München 2004. Siehe auch Braunberger, Gerald: Aufstieg und Fall von John Laws Finanzsystem; https://www.faz.net/aktuell/finanzen/fonds-

Physiokratie

Der „Tableau Economique" (ein Modell des Wirtschaftskreislauf) von *Francois Quesnay* (1694-1774) war die bedeutendste wirtschaftstheoretische Leistung der Physiokraten[88]. *Söllner* betont, dass der „Tableau Economique" ein direkter Vorläufer der „Input-Output-Analyse" ist[89].

---

mehr/historische-finanzkrisen-frankreich-1720-aufstieg-und-fall-von-john-laws-finanzsystem-1283673.html; Huerta de Soto, Jesús: Geld, Bankkredit und Konjunkturzyklen. Stuttgart 2011, S. 76f.; Kruse, Alfred / Lechner, Hans H.: Geld und Kredit. Ausgewählte Texte zur Geschichte einer Wissenschaft. Stuttgart 1970, S. 171-177, Polleit, Thorsten / Prollius, Michael von: Geldreform: Vom schlechten Staatsgeld zum guten Marktgeld. Grevenbroich 2010, S. 92ff. und Schmölders, Günter: Gutes und schlechtes Geld. Frankfurt/M. 1968, S. 46-49.

Bezüglich einer umfassenden Biographie des Glücksspielers, Duellanten und Bankrotteurs John Law siehe Murphy, Antoin E.: John Law. Ökonom und Visionär. Düsseldorf 2002.

[88] Siehe insbesondere zum Tableau Klingen, Heino: Politische Ökonomie der Präklassik. Marburg 1992, S. 161-212; und ebenfalls Söllner, Fritz: Die Geschichte des ökonomischen Denkens. Berlin 2001, S. 21.

[89] Söllner, Fritz: Die Geschichte des ökonomischen Denkens. Berlin 2001, S. 21-24.

Obwohl es so scheint, als ob Geld im Tableau keine Rolle spielt, ist dem nicht so; ohne zirkulierendes Geld könnte der Wirtschaftskreislauf nicht funktionieren, deswegen nennt Bortis, Heinrich: 2. Teil: Die Entstehung des klassischen Systems. B. Physiokratie (François

Zur Geldtheorie an und für sich verfasste hauptsächlich *Anne Robert Jacques Turgot, Baron de l'Aulneeinige* (1727-1781) Texte[90], die wie folgt zusammengefasst werden können[91]:

- Geld ist nicht nur Tauschmittel, sondern auch Produktionsmittel, folglich soll schöpferischer Einsatz von Geld der Steigerung der Produktion dienen.

- Konzept der Zeitpräferenz; ein gegenwärtig verfügbarer Geldbetrag hat mehr an Wert als eine gleich große, aber erst in der Zukunft verfügbare Geldsumme.

- Daraus folgt, dass das Berechnen von Zinsen bei Kreditverträgen statthaft ist.

- Der Tauschwert der Güter wird symbolisiert durch den Preis in Geld; der Gebrauchswert der gehandelten Güter ist davon verschieden.

Quesnay). Universität Freiburg (Ch), PDF-Manuskript, S. 13, den Tableau eine monetäre Theorie der Produktion.

[90] Gemäß Eintrag im Artikel „Turgot" (Uni-Protokolle (http://www.uni-protokolle.de/Lexikon): Artikel – Turgot) war Turgot schon als junger Theologie-Student an Ökonomie interessiert und widerlegte in einem Brief an einen Kommilitonen das System von John Law. Daneben wird Turgot in den Lehrbüchern zur Geschichte der Volkswirtschaftslehre als der Ökonom genannt, der das Ertragsgesetz formulierte.

[91] Söllner, Fritz: Die Geschichte des ökonomischen Denkens. Berlin 2001, S. 21 und S. 23f.

⇨　　*Mirabeau* und *Quesnay* forderten zudem noch die Gewährleistung eines kontinuierlichen Geldumlaufs. Das Horten von Geld sollte unterbunden werden, da das Horten schädlich für die wirtschaftlichen Aktivitäten sei.

Wirtschaftspolitisch waren die Physiokraten entschiedene Verfechter des Freihandels und des Wettbewerbs, traten aber nichtsdestoweniger auch für wirtschaftspolitische Interventionen zur Förderung von landwirtschaftlichen Großbetrieben und Manufakturen ein. Steuerpolitisch votierten die Physiokraten für eine einzige Steuer, und zwar auf die Grundrente, weil alles Einkommen nur aus der Landwirtschaft abgeleitet sei[92].

---

[92] Söllner, Fritz: Die Geschichte des ökonomischen Denkens. Berlin 2001, S. 23.

Vorklassischer Liberalismus

Schon während der merkantilistischen Epoche wurde am Grundverständnis des Merkantilismus umfassende Kritik geübt[93]. Neben der Kritik aus den Reihen der Kirchen gab es auch zunehmend kritische weltliche Stimmen[94].

Kirchliche Kritik:

- Es gibt legitimen Reichtum, der mit erlaubten Mitteln erworben wurde. Es sei jedoch verwerflich, dass die Wirtschaftspolitik nach Mitteln und Wegen suche, um Reichtum jedweder Art, ungeachtet der Quelle des Reichtums, zu fördern.

---

[93] Obwohl die hier aufgeführten Autoren zeitlich in die Epoche des Merkantilismus fallen, ist es dennoch nicht falsch, sie abseits vom Merkantilismus aufzuführen – wie dies Anderegg in seiner Auflistung vollzieht; siehe Anderegg, Ralph: Grundzüge der Geldtheorie und Geldpolitik. München 2007, S. 3. Gerade John Locke und David Hume können als Denker der Freiheit und des Freihandels eingeordnet werden, stehen also in Opposition zum Merkantilismus. Umfangreich zu John Locke siehe Priddat, Birger P.: Das Geld und die Vernunft. Frankfurt/M. 1988 und für David Hume siehe Streminger, Gerhard: David Hume. Paderborn 1995, speziell zur Wirtschaftslehre S. 369-394.
[94] Die folgenden Beispiele zur kirchlichen und weltlichen Kritik am Merkantilismus sind angelehnt an: Bauhaus-Universität Weimar, Seminar „Historische Positionen des Ökonomischen Denkens" WS 2007/2008; Referenten: Nancy Richter u. a., PDF-Manuskript, S. 7-10.

- Zinsen zu nehmen ist bis auf ausgewählte Tatbestände verwerflich. Ergo ist die merkantilistische Doktrin bedenklich, die nur darauf abstellt, welche Zinspolitik der Vermehrung des Wohlstands des Staates besser dient; völlig unerheblich sei, ob

  → der Zins hoch oder niedrig ist,
  → die Obrigkeit die Höhe des Zinses regelt
  oder
  → der Zins durch freie Regelungen / Verträge festgesetzt wird;

⇨ Hauptsache, die Zinsen mehren den Reichtum im Inland.

- Allgemeine Teuerungen sind, wie dies die Scholastiker herausgearbeitet haben, regelmäßig auf Verschlechterungen der Münzen zurückzuführen. Die merkantilistische Meinung, Preissteigerungen seien durch ein Zuviel von umlaufendem Geld verursacht, ist falsch.

Weltliche Kritik:

- Die merkantilistische Wirtschaftspolitik ist unwissenschaftlich, da sie nicht auf die Natur der Dinge abstellt und nur von außen einwirkt.

- Wissenschaftlich wird nun auf Ursache und Wirkung untersucht, um festzustellen, welche natürlichen Gesetze den Dingen zugrunde liegen.

- Erklärung der Gesellschaft von den Naturgesetzen her: Insbesondere *John Locke* ging daran, Staat, Gesellschaft, Wirtschaft – ebenfalls das Geld – naturrechtlich zu fundieren:

  - ✓ Die merkantilistische Auffassung, dass der Staat stets wohlstandssteigernd in den Wirtschaftsprozess einzugreifen habe, wird als falsch verworfen.
  - ✓ Eine wohlstandssteigernde Wirtschaftsordnung zeichnet sich durch den Freihandel aus.
  - ✓ Naturgesetze steuern das komplexe Spiel der Kräfte in der Wirtschaft. Die Wirtschaft reguliert sich auf natürliche Weise selbst. Eingriffe des Staates wirken nur störend.

Einer der weltlichen Kritiker des Merkantilismus war *Seingeur de Boisguillebert*[95] (1646–1714), er war Mitglied der Amtsmannschaft Rouen. Zu seiner Zeit stand das ungerechte Fiskalsystem im Mittelpunkt der Diskussion in Frankreich.

Die wichtigsten merkantilistischen Positionen in Frankreich zur Zeit von *Boisguillebert* zielten darauf ab, dass die staatliche Wirtschaftspolitik den Export von industriell-gewerblichen

---

[95] Die Ausführungen zu Seingeur de Boisguillebert sind angelehnt an: Bauhaus-Universität Weimar, Seminar „Historische Positionen des Ökonomischen Denkens" WS 2007/2008; Referenten: Nancy Richter u. a., PDF-Manuskript, S. 8f.

Fertigwaren im Austausch gegen Edelmetalle zu fördern habe. Außerdem bestand das Verbot der Ausfuhr der wichtigsten Lebensmittel. Alles, was zum Leben benötigt wurde, musste im Land bleiben und unterlag einem strengen Exportverbot. Folglich galt generell, dass alles, was zum Leben gebraucht und unbedingt notwendig war, grundsätzlich im Land selbst zu erzeugen und zu produzieren war. Nur, wenn die Selbstversorgung nicht ausreichte, sollten die fehlenden, jedoch zum Leben notwendigen Güter durch gezielte Einfuhrförderungsmaßnahmen beschafft werden.

Boisguillebert hatte einen gänzlichen anderen Standpunkt. Er war mit guten Gründen der Ansicht, dass der Reichtum eines Landes nicht über den Besitz von Gold und Silber zu definieren ist. Gold- und Silbervorräte bestimmen nicht die Wirtschaftsmacht eines Staates, vielmehr sei die ökonomische Kraft des Landes auf die Leistungsfähigkeit der Landwirtschaft und des produzierendes Gewerbe gegründet. Diese Sektoren seien die einzigen, welche die Güter produzieren, die den Bedürfnissen der Menschen gerecht werden und dementsprechend dienen.

Seine Überlegungen führten *Boisguillebert* zu einigen logischen Schlussfolgerungen, durch welche er eine Lanze für die „Freiheit des Marktes" und für den „Freihandel" brach. Eine Steigerung der Nachfrage, der Produktion – gemeint sind landwirtschaftliche Erzeugnisse und industriell-gewerbliche Produkte – und der Versorgung der Menschen ist nur durch einen Abbau der

Handelsschranken und einer freien Marktwirtschaft zu erreichen und zu gewährleisten. Ist die Freiheit des Marktes gegeben, steigt die Nachfrage nach den landwirtschaftlichen und industriell-gewerblichen Produkten, so dass eine maximale Steigerung der inländischen Produktion, insbesondere im landwirtschaftlichen Sektor, die Folge sein wird. Die Preise für die Erzeugnisse bestimmen sich durch die Marktprozesse von selbst. Jeder produziert arbeitsteilig das, was er am besten kann, so dass er folglich notwendigerweise auch auf Produkte des Nachbarn angewiesen ist, die dieser Nachbar anbietet – Wohlfahrt, Handel und Wandel gedeihen durch die freie Marktwirtschaft. Die Folge würde sein, dass sich ein natürliches Gleichgewicht einstellt – eine Ausbeutung des einen zur Generierung des Reichtums des anderen würde es dann nicht mehr geben. Jeder Produzent habe vielmehr die Möglichkeit, seine Waren zu einem gerechten Preis am Markt abzusetzen: Produktionshöchststand und allgemeiner Wohlstand wirken dann Hand in Hand. Die Rolle des Staates wollte *Boisguillebert* auf die Bildung der Menschen und den Schutz des Marktes beschränkt sehen.

John Locke (1632-1704) gilt als ein Vater des Liberalismus[96]. In seiner Dissertation zeigte *Priddat*[97], dass *Lockes* naturrechtlich legitimierte Geldlehre, die *aristotelische* Vorbehalte überwindet,

---

[96] Siehe bspw. die Arbeit von Hugelmann, Frank: Die Anfänge des englischen Liberalismus. Frankfurt/M. 1992.
[97] Priddat, Birger P.: Das Geld und die Vernunft. Frankfurt/M. 1988.

gleichberechtigt neben seiner ebenfalls naturrechtlich begründeten Eigentumstheorie steht, so dass *John Locke* – so *Priddat* – der erste Theoretiker war, der die Ökonomie in ein einheitliches systematisches und philosophisch begründetes Konzept stellte.

Priddat stellte unter anderem die folgenden Positionen *Lockes* zum Geld heraus:

- Dass die Erfindung des Geldes die einzige legitimierte Form für die Aneignung von Überfluss (superfluum) darstellt[98]. Die Einführung des Geldes habe das menschliche Verhalten geändert. Im Naturzustand galt die Regel „nämlich, dass jeder Mensch soviel haben sollte, wie er nutzen kann", fortan gelte eine neue, umgewandelte Regel „das Verlangen, mehr zu haben, als der Mensch benötigt"[99].

- Daraus folgt, dass mit der Einführung von Geld die alte Ökonomik in eine neue Ökonomik umschlägt[100].

- Das Geld hat dauerhaften Wert und will genutzt sein, um legitime Übertragungen von Eigentumstitel durchzuführen

---

[98] Priddat, Birger P.: Das Geld und die Vernunft. Frankfurt/M. 1988, S. 29.

[99] Priddat, Birger P.: Das Geld und die Vernunft. Frankfurt/M. 1988, S. 33.

[100] Priddat, Birger P.: Das Geld und die Vernunft. Frankfurt/M. 1988, S. 33.

und Handels- / Tauschgeschäfte auch reibungslos abzuwickeln[101].

- Durch die Einführung und Verwendung von Geld wird
  nutzbares Land knapp. Im zweiten Stadium des Naturzustandes ist die Tendenz zur Verknappung des Ackerbo-
  dens nicht natürlichen Ursprungs, sondern monetär bedingt
  und nur legitimiert, wenn dies das gemeinsame menschliche
  Vermögen nicht vermindert, sondern vermehrt[102].

- Weiterhin ist im zweiten Stadium des Naturzustandes das
  Eigentum nicht weiter ausschließlich durch Arbeit
  legitimiert, sondern die Verwendung von Geld legitimiert
  ein „Overplus" bei der Produktion. Dieser Überschuss wird
  auf einem funktionierenden Markt bewertet, und ein Markt
  funktioniert nur mit Geld[103].

- Ergo bedeutet der Gebrauch des Geldes erst die
  Gewährleistung zur Bildung größerer Besitztümer[104].

---

[101] Priddat, Birger P.: Das Geld und die Vernunft. Frankfurt/M. 1988,
S. 34f.

[102] Priddat, Birger P.: Das Geld und die Vernunft. Frankfurt/M. 1988,
S. 36 und S. 38.

[103] Priddat, Birger P.: Das Geld und die Vernunft. Frankfurt/M. 1988,
S. 39.

[104] Priddat, Birger P.: Das Geld und die Vernunft. Frankfurt/M. 1988,
S. 40.

- Geld ist entstanden aufgrund einer Übereinkunft und hat nur einen imaginären Wert. Es ist nur ein Zufall, eine Laune der Natur, dass dem Gold, dem Silber oder den Diamanten ein Wert zugemessen wird[105].

- Beim einfachen Darlehn (mutuum) sind keine Zinsen zu nehmen[106]. Wird jedoch das Geld an einen Handwerker oder Bauern verliehen, der das geliehene Geld in seinem Betrieb produktiv, innovativ und wohlstandsmehrend einsetzt, so steht dem Darlehnsgeber ein Teil der Früchte dieser Arbeit zu. Also, wenn die gelungene Kombination aus «Ersparnis – Kredit (Risiko) – Investition» zum Erfolg führt, d. h. Gewinne abwirft, dann ist auch das Nehmen von Zinsen für

---

[105] Priddat, Birger P.: Das Geld und die Vernunft. Frankfurt/M. 1988, S. 41. Daraus folgt auch, dass Locke im merkantilistischen Postulat des Hortens von Gold/ Silber kein Wachsen des Wohlstandes sehen konnte. Und in Verbindung mit Fußnote 30 folgt damit auch, dass Locke hier eine extreme Position der Konventionstheorie des Geldes der Scholastik einnimmt.

[106] Priddat, Birger P.: Das Geld und die Vernunft. Frankfurt/M. 1988, S. 114, das mutuum wird als Geldleihe an Bedürftige gesehen. Also modern ausgedrückt ist das mutuum bei Locke eine Art Konsumentenkredit, auf einem solchen Zins zu nehmen ist für Locke nicht legitimiert. An dieser Stelle steht Locke ganz in der scholastischen Tradition.

solche Fälle gerechtfertigt; denn das Geld hat nun doch Kinder bekommen[107].

Priddat stellt noch etliche weitere Positionen der Geldlehre *Lockes* heraus; so *Lockes* Quantitätstheorie des Geldes[108] und seine Überlegungen zum internationalen Handel[109].

Das System des Merkantilismus wurde durch *David Hume* (1711– 1776) grundlegend einer kritischen Analyse unterzogen[110]. Vor

---

[107] Priddat, Birger P.: Das Geld und die Vernunft. Frankfurt/M. 1988, S. 114, umfassend S. 127-143, dort wird klar, dass Locke dem Geld zugesteht, dass es Früchte tragen kann; denn ähnlich wie der Boden Früchte produziert, erwachsen aus geschickten Handelsgeschäften ebenfalls Erträge. Folglich ist es nur gerecht, wenn derjenige, der die Handelsgeschäfte durch Geldleihe vorfinanziert, nicht nur das Risiko des Geldverlustes zu tragen hat, sondern auch an den Früchten des erfolgreichen Geschäftes zu beteiligen ist.

[108] Priddat, Birger P.: Das Geld und die Vernunft. Frankfurt/M. 1988, S. 181-186. Lockes quantitätstheoretische Analyse berücksichtigt auch die Umlaufsgeschwindigkeit der Geldmenge.

[109] Priddat, Birger P.: Das Geld und die Vernunft. Frankfurt/M. 1988, S. 187-220. Lockes Thesen zum internationalen Handel, insbesondere die Bejahung der Forderung einer aktiven Handelsbilanz, zeigen, dass er noch oft mit merkantilistischen Postulaten übereinstimmt, auch wenn das Streben hin zu einer aktiven Handelsbilanz naturrechtlich begründet wird.

[110] Umfassend ist die Kritik nachzulesen in Hume, David: Politische und ökonomische Essays, in 2 Teilbänden Hamburg 1988, und zwar

allem unterzog *Hume* das wirtschaftspolitische Ziel einer dauerhaft aktiven Handelsbilanz einer gründlichen Kritik[111]. *Hume* legte die Unmöglichkeit einer konstant positiven Außenhandelsbilanz offen; er zeigte, dass die Handelsbilanz von selbst zu einem Gleichgewicht findet und dass die Kaufkraft des Geldes der im Umlauf befindlichen Geldmenge umgekehrt proportional ist[112].

Anhand einer einfachen, mechanistischen Quantitätstheorie des Geldes legte *Hume* dar, dass, wenn Geld ins Land fließt, der Wert des Geldes sinkt, mit der Folge, dass die Nachfrage nach Gütern steigt und dadurch die Preise steigen und die Güter teurer

---

insbesondere im 2. Teilband der Abschnitt „Über Geld", S. 205-218 und der Abschnitt „Über die Handelsbilanz", S. 232-250. Schon der Satz – „es (das Geld) ist das Öl, dass die Räder leicht und glatt laufen lässt" – im Abschnitt „Über Geld" spiegelt direkt zu Beginn Humes Gegensatz zum Merkantilismus: Horten von Edelmetallen hat für Hume nichts mit Reichtum zu tun.

[111] Folgende prägnante Zusammenfassung der Analyse Humes wurde angelehnt an: Bauhaus-Universität Weimar, Seminar „Historische Positionen des Ökonomischen Denkens" WS 2007/2008; Referenten: Nancy Richter u. a., PDF-Manuskript, S. 9.

[112] Ähnlich schon bei Jean Bodin (ein Theoretiker des Merkantilismus, 1530-1596) in dessen Quantitätstheorie des Geldes, siehe z. B. Stavenhagen, Gerhard: Geschichte der Wirtschaftstheorie. Göttingen 1969, S. 428 oder Bauhaus-Universität Weimar, Seminar „Historische Positionen des Ökonomischen Denkens" WS 2007/2008; Referenten: Nancy Richter u. a., PDF-Manuskript, S. 3f.

werden. Das Land wird – im Vergleich zu anderen Ländern – zum Hochpreisland. Mit der Folge, dass die Unternehmer des Hochpreislandes – weil die Güterpreise im Inland höher sind – den Export in die Ländern mit niedrigeren Preisen drosseln und teilweise ganz stoppen, so dass die Exporte des Hochpreislandes sinken werden.

Umgekehrt dagegen ist die Lage in den Ländern mit den nun niedrigeren Preisen, den Tiefpreisländern. Die Unternehmer im Tiefpreisland werden – wegen der höheren Preise im Hochpreisland – von sich aus den Export ins Hochpreisland forcieren und den Import aus dem Hochpreisland vermeiden, zumindest stark drosseln. Das hat zur Folge, dass Geld – wegen der gestiegenen Importe im Hochpreisland – aus dem Hochpreisland abfließt. Die Geldmenge sinkt im Hochpreisland, somit steigt der Wert des Geldes, die Güterpreise sinken und die Güter werden billiger.

Folglich kehrt sich im Hochpreisland der Prozess wieder um; so ist das logische Ergebnis, zu dem *Hume* kommt.

Das Fazit, das *Hume* zieht, lautet: Es gibt keinerlei Veranlassung für den Staat, den Export aus Prinzip zu fördern.

Für *David Hume* ist das Geld an und für sich nur ein Schmiermittel im Wirtschaftsgeschehen, welches das Handeln, das Tauschen und somit das alltägliche Leben erleichtert. Gründe für Preissteigerungen sieht *Hume* so gut wie ausschließlich durch den monetären Bereich (damals Gold und Silber) verursacht.

Humes Position ist eine reine Dichotomie zwischen dem realen und dem monetären Bereich der Ökonomie.

Dabei unterstellte *Hume* eine mechanistische Quantitätstheorie des Geldes. Eine Änderung der Geldmenge habe langfristig keinerlei reale Effekte auf den Wirtschaftsprozess. Lediglich kurzfristig könne es zu realen Effekten kommen, da die Wirtschaftssubjekte Zeit benötigen, um sich an die Änderungen der Geldmenge anzupassen[113].

---

[113] Siehe Anderegg, Ralph: Grundzüge der Geldtheorie und Geldpolitik. München 2007, S. 153f. und Söllner, Fritz: Die Geschichte des ökonomischen Denkens. Berlin 2001, S. 27f.; ausführlich Hume, David: Politische und ökonomische Essays, in 2 Teilbänden Hamburg 1988, im 2. Teilband insbesondere den Abschnitt „Über Geld", S. 205-218, aber auch den Abschnitt „Über Zinsen", S. 219-231.

b) Die Klassik – Banking Theorie und Currency Theorie[114]

Die ökonomische Klassik beginnt mit dem Buch ‚Der Wohlstand der Nationen' von *Adam Smith*[115] (1723-1790).

Seine Überlegungen zur Entstehung des Geldes knüpfen bei Aristoteles an[116]:

> *„In den Anfängen der Arbeitsteilung muß der Tausch häufig noch sehr schleppend und stockend vor sich gegangen sein. … Um nun solche mißlichen Situationen zu vermeiden, mußte eigentlich jeder vernünftige Mensch auf jeder Entwicklungsstufe seit dem Aufkommen der Arbeitsteilung bestrebt gewesen sein, es so einzurichten, daß er ständig außer dem Produkt seiner eigenen Arbeit einen kleinen Vorrat der einen oder anderen Waren bereit hatte, von der er annehmen konnte, daß andere sie im Tausch gegen eigene Erzeugnisse annehmen werden."*

---

[114] Siehe zur Diskussion zwischen der Banking- und Currency-Schule Hayek, Friedrich August von: Geschichte des Geldwesens; in: Hayek, Friedrich August von: Geld und Konjunktur, Band 1. Tübingen 2015, S. 466-492 .

[115] Smith, Adam: Der Wohlstand der Nationen. München 1978. Der Ausdruck „Klassische Nationalökonomie" wurde durch Karl Marx geprägt, dabei ist die „klassische Ökonomie" keineswegs ein homogenes Lehrgebäude; siehe hierzu bspw. Bortis, Heinrich: Adam Smith: Optimistischer Liberalismus. Universität Freiburg (Ch), PDF-Manuskript, S. 1.

[116] Smith, Adam: Der Wohlstand der Nationen. München 1978, S. 23.

Für *Adam Smith* war es klar, dass das Hauptmotiv für die Verwendung von Geld in der Vereinfachung der vielfältigen Tausch- und Handelsaktionen innerhalb einer arbeitsteiligen Wirtschaft zu suchen ist und so wachstumsfördernd wirkt. Die Verwendung von Geld teilt den Tauschprozess zwar in zwei Teile, senkt jedoch gerade dadurch die Kosten des Tauschens für alle Wirtschaftssubjekte, weil die Preise aller Güter und Dienstleistungen nur noch in Geldeinheiten definiert sind[117].

Adam Smith betrachtet Geld im Grunde nur als ein Tauschmittel, dem er so gut wie keine realen Effekte zuordnet[118]. Geld ist bei *Adam Smith* weitgehend neutral: Ein Schleier, der über der realen Wirtschaft liegt; wie bei *Hume* nur ein Schmiermittel für Tauschgeschäfte[119].

---

[117] Siehe Smith, Adam: Der Wohlstand der Nationen. München 1978, S. 22-27 und S. 355, dies ist unmittelbar aus den dortigen Ausführungen zu schließen.

[118] Ein realer Effekt ist die im Absatz vorher erwähnte Förderung des Wirtschaftswachstums. Smith setzt sich auch mit dem Geldwert auseinander sowie mit den Schwankungen der Edelmetallpreise, die sich ergeben, wenn Edelmetalle monetisiert bzw. demonetisiert werden. In diesem Rahmen deutet Smith zumindest reale Effekte an; siehe Smith, Adam: Der Wohlstand der Nationen. München 1978, S. 28-42.

[119] Siehe Smith, Adam: Der Wohlstand der Nationen. München 1978, S. 22-27. Deshalb stand Smith dem Gebrauch von Papiergeld

Den Reichtum eines Landes sah *Adam Smith* in vermehrter Arbeitsproduktivität und Kapitalakkumulation begründet, nicht im Horten von Edelmetallen. Auch sieht er das Horten nicht als Gefahr[120], vielmehr meinte er, dass Ersparnisse ständig in die Investitionsgüternachfrage fließen und somit die Kapitalakkumulation vorantreiben. Das *„Say'sche Gesetz"*, wonach – geldtheoretisch formuliert – „Güter nur mit Gütern" gekauft werden können, wurde von *Adam Smith* im Grunde schon vorweggenommen[121].

Die Denker der ökonomischen Klassik befassten sich im 19. Jahrhundert eingehend mit Problemstellungen im Rahmen der Quantitätstheorie des Geldes. Überwiegend waren die klassischen Ökonomen – zumindest, was die lange Sicht angeht

---

wohlwollend gegenüber; siehe Smith, Adam: Der Wohlstand der Nationen. München 1978, S. 262ff. und auf S. 813 die Bemerkung „"... kann man für den Binnenhandel ... Papiergeld fast genauso gut als Tauschmittel benutzen wie Gold- und Silbermünzen."

[120] Deswegen wohl sein sehr scharfer Angriff auf den Merkantilismus, dem Smith eine naive Sicht von Reichtum – Horten von Gold und Silber – unterstellt, Smith, Adam: Der Wohlstand der Nationen. München 1978, S. 347-411, hier z. B. S. 356.

[121] Smith, Adam: Der Wohlstand der Nationen. München 1978, S. 272-288.

–, der Ansicht, dass Geld neutral ist und keine realen Wirkungen zeitigt: »Geld ist ein Brautschleier«[122].

In der Phase der ökonomischen Klassik ist die Kontroverse zwischen der Currency Schule und der Banking Schule eine der Diskussionen, welche bis zum heutigen Tag in der einen oder anderen Form andauert und nicht zu einem Abschluss zu kommen scheinen[123]. Es handelt sich dabei um die zentrale Frage:

Entsteht die Geldmenge durch das Geldangebot (Currency Theorie) oder durch die Geldnachfrage (Banking Schule)?

Die Banking Schule

Die Banking Schule[124] geht davon aus, dass die in einem Land erforderliche Geldmenge immer durch das Verkehrsbedürfnis

---

[122] Bspw. ist das Geld für David Ricardo und John Stuart Mill langfristig neutral; Thomas Tooke führt Preisschwankungen auf Änderungen des Güterangebots und der Güternachfrage zurück, so dass es dadurch zu Änderungen der Geldnachfrage (Kasseneffekt) kommt, siehe Anderegg, Ralph: Grundzüge der Geldtheorie und Geldpolitik. München 2007, S. 156-159.

[123] Huerta de Soto, Jesús zeigte, dass die Diskussion über jene Theorien (Currency Schule versus Banking Schule), schon zu den Zeiten der spanischen Spätscholastik geführt wurde. Huerta de Soto: Geld, Bankkredit und Konjunkturzyklen. Stuttgart 2011, S. 422-429.

[124] Die Kurzvorstellung der Banking Schule folgt weitestgehend der Auflistung durch Anderegg, Ralph: Grundzüge der Geldtheorie und Geldpolitik. München 2007, S. 86ff., S. 90ff. und S. 279f., deshalb

bestimmt ist. Folglich gelte, dass die Geldnachfrage die Geldmenge bestimmt. Diese Idee ist auch schon früher, bspw. 1705/07 bei *John Law* mit der ,Real Bills Doctrine', formuliert worden. In der Epoche der ökonomischen Klassik gehörten zu ihren Vertretern bspw. Robert Torrens (1780-1864), James Mill (1773-1836), Thomas Tooke (1774-1858), John Fullarton (1780-1849) und John Stuart Mill (1806-1873).

Die Vertreter der Banking Schule hatten den Umfang der Geldmenge ziemlich weit gefasst. Zur Geldmenge im Sinne der Banking Theorie zählen:

➤ das Bargeld, also die umlaufenden Münzen und Banknoten.

➤ die Zahlungsversprechen:

   ✗ die Bankkredite.

   ✗ die Schecks und die Wechsel.

   ✗ und etliche Schuldverschreibungen, wie bspw. Kredit-papiere.

Wichtige bankpolitische Thesen der Banking Schule sind:

◆ Die Banken sollen sich am Geldbedürfnis der Wirtschaft ausrichten, sich von diesem leiten lassen.

---

erfolgen hier – bei der Banking Schule – keine weiteren einzelnen Literaturverweise bezüglich Anderegg.

◆ Das Geldangebot ist – im Gegensatz zur Currency Theorie – endogen bestimmt. Die Kernthese lautet, dass die Geldnachfrage das Geldangebot induziert, also haben die Banken nach den Marktbedürfnissen das Geld zu schöpfen, bspw.:

↳ Bei steigender Güternachfrage steigt auch der Bedarf der Transaktionskasse.

↳ Steigende Güternachfrage bedeutet steigende Preise, ergo sind mehr Banknoten zu emittieren.

◆ Die Notenemission regelt sich durch den Bedarf an Darlehen und Wechseldiskont von selbst. Folglich könne die Zentralbank – selbst wenn sie dies will – die Noten nicht beliebig vermehren:

↳ Bei einem lebhaften Aufschwung führe dies zu einer verstärkten Notenemission.

↳ In ruhigen Zeiten oder bei einem Abschwung fließen die nicht benötigten Banknoten zur Bank zurück.

↳ Das Sicherheitsbedürfnis der Bank, stets genügend Gold zu halten, um Noteneinlösungen vorzunehmen, begrenze die Notenausgabe entsprechend.

◆ Die Geldschöpfung resultiert aus dem Portfolioverhalten der Geschäftsbanken und der Nichtbanken. Umschichtungen in den Portfolios bedingen Veränderungen bei der Geldschöpfung.

◆ Das Geldangebot reagiert auf die Geldnachfrage:

↯ Die Zinsen sind einerseits Faktorentlohnung für das zur Verfügung gestellte Geld.

↯ Andererseits regulieren die Zinsen Geldangebot und Geldnachfrage.

◆ Begrenzt die Zentralbankpolitik die monetäre Basis und verknappt somit die Möglichkeiten für weitere Bankkredite, so werden die Marktakteure versuchen, „privates Geld" im Nichtbankenbereich zu schöpfen:

↯ durch die Ausgabe kurzfristiger, handelbarer Kreditpapiere und Ausdehnung der Lieferantenkredite.

↯ durch Geldschöpfung auf den internationalen Geld- und Kreditmärkten.

⇨ Die Wirtschaft verschafft sich immer so viel Geld, wie benötigt wird.

⇨ Werden Gelder nicht weiter gebraucht, so werden die Kredite getilgt und das zusätzliche Geld verschwindet aus dem Wirtschaftskreislauf (das so genannte *Rückstromprinzip Fullartons*).

In der Banking Theorie prägen somit fünf Akteure durch ihr Portfolioverhalten den Geldschöpfungsprozess:

✓ Die Zentralbank:
  durch die Bereitstellung der monetären Basis:
  - Münzen
  - Banknoten

✓ Die Geschäftsbanken:
  durch das Angebot, mittels Kredit Buchgeld zu schöpfen.

✓ Die Nichtbanken (Unternehmen, private Haushalte):
  durch Angebot und Nachfrage von Quasi-Geld in Form von:
  - Geldmarktpapieren
  - Sicht- und Termingeldern auf eigenen Namen
  - Schuldpapiere (Schecks, Wechsel, Schuldverschreibungen mit kurzer Laufzeit)

✓ Die öffentlichen Haushalte – Staat:
  durch das Anbieten von:
  - kurzfristigen Geldmarktpapieren
  - und Schuldverpflichtungen

✓ Das Ausland:
  durch ausländische Zentralbanken, Geschäftsbanken, Regierungen und Nichtbanken werden nachgefragt und angeboten:
  - Geldmarktpapiere
  - Geldmarktverpflichtungen
  - Bargeld in fremden Währungen

Innerhalb der Banking Theorie ergeben sich also aus dem Zusammenspiel aus den Interaktionen dieser fünf Akteure die Größen für Geldnachfrage und Geldangebot.

Die Thesen der Banking Schule wurden im Rahmen der ökonomischen Klassik kontrovers diskutiert[125] und in der Folge etlicher Bankenkrisen und Bankzusammenbrüche, begleitet von Geldwertverschlechterungen, in Zweifel gezogen.

Die Currency Schule

Wichtige Vertreter der Currency Theorie[126] waren *David Ricardo* (1772-1823), *Henry Thornton* (1760-1815), *John Wheatley* (1772-1830) und *Samuel Jones-Loyd*, 1. Lord Overstone (1796-1883), der geistige Vater der *Peel'schen Bankakte* von 1844. Diese wurde zum Vorbild für die Währungsgesetzgebung im 19. Jahrhundert der Staaten des Goldstandards[127]. In Großbritannien galt die *Peel'sche*

---

[125] Die theoretische Diskussion – Banking Schule versus Currency Schule – ist bspw. kommentiert von Wicksell, Knut: Vorlesungen über Nationalökonomie 2. Aalen 1969, S. 191-216 oder auch Seiche, Florian: Währungskonkurrenz und Notenbankfreiheit. Marburg 1997, S. 23-31.

[126] Die kurzen tabellarischen Ausführungen zur Currency Theorie folgen weitestgehend den Auflistungen durch Anderegg, Ralph: Grundzüge der Geldtheorie und Geldpolitik. München 2007, S. 69ff., S. 90ff. und S. 279f., deshalb erfolgen hier – bei der Currency Theorie – keine weiteren Literaturverweise.

[127] Die gemeinsame Währung der Staaten war vor dem 1. Weltkrieg das Gold; diese gemeinsame Währung und der damalige hohe – bis heute

Bankakte von 1844-1914, in dieser Zeit wurde sie verschiedentlich kurzzeitig ausgesetzt[128].

Bankpolitische Eckpunkte der Currency Theorie sind:

➢ Die Currency Schule strebte nach wertstabilem Geld.

➢ Hierfür Sorge zu tragen habe der Staat, indem er den dafür notwendigen rechtlichen Ordnungsrahmen schafft.

➢ Emittierte Banknoten sollen jederzeit in Gold umtauschbar sein – das Gleiche muss umgekehrt gelten.

➢ Die Paritäten sind durch den Staat festzusetzen und der Staat hat den Umtausch zu gewährleisten.

➢ Herausgegebene Banknoten sollen durch eine 100%ige Goldreserve gedeckt sein; es gilt die strikte Begrenzung des Geldumlaufs durch die Goldvorräte.

---

nicht wieder erreichte – Organisationsgrad der internationalen Arbeitsteilung wirkten 1914 nicht kriegsverhindernd! Entgegen der Phrasen maßgeblicher Politiker, die dazu dienen sollten, den Euro zu unterstützen und zu retten, kann der Euro kein Friedensgarant für Europa sein, da eine gemeinsame Währung noch niemals den Frieden gesichert hat. Siehe Bökenkamp, Gérard: Euro und Europa: Frieden durch gemeinsame Währung; https://ef-magazin.de/2011/01/07/2785-euro-und-europa-frieden-durch-gemeinsame-waehrung.

[128] Die Peel'sche Bankakte wird in der Lehrbuchliteratur gemeinhin als ein Sieg der Ideen der Currency Schule bewertet.

> Die Quantitätstheorie des Geldes hat volle Gültigkeit, so dass eine wertstabile Geldmengenpolitik das Vertrauen in die Währung stärken wird.

In der währungsrechtlichen Praxis des klassischen Goldstandards des 19. Jahrhunderts wurde die 100%ige Golddeckung nie Praxis, vielmehr war der Notenumlauf kontingentiert. Die Golddeckung der umlaufenden Noten lag zwischen 30% und 40%[129]. Die Goldzu- und -abflüsse durch den Außenhandel bewirkten außerdem eine notwenige stetige Anpassung des Notenumlaufs.

Zur Geldmenge zählte die Currency Schule:

> Das zirkulierende Bargeld, also die umlaufenden Edelmetallmünzen.

> Das staatliche Papiergeld, d.h. die in Gold einlösbaren Noten der Bank of England (der Zentralbank).

Buchgeld auf Konten bei den Banken und andere Geldsurrogate zählten nicht zur Geldmenge, sondern nur das Geldangebot, welches aus der monetären Basis der Zentralbank resultiert.

---

[129] Hülsmann vermerkt zu recht, dass der Goldstandard von Anfang an verwässert war und auch ohne den Ersten Weltkrieg gescheitert wäre. Siehe Hülsmann, Jörg Guido: Die Ethik der Geldproduktion. Waltrop 2007, S. 243ff.

Der Geldschöpfungsprozess und die Geldmengenpolitik werden demnach über drei beteiligte Akteure abgewickelt:

✓ Eine Zentralbank stellt die monetäre Basis bereit.

Diese Zentralbank erhebt Mindestreserven auf das Geld, welches die Geschäftsbanken schöpfen.

Die Geldschöpfung der Geschäftsbanken wird auf zwei Wegen initiiert:

✓ Die Geschäftsbanken schöpfen Kredite, diese stehen den Nichtbanken als Geld zur Verfügung.

✓ Die Nichtbanken fragen Bargeld (Noten, Münzen), Einlagen und Kredite bei den Geschäftsbanken nach.

⇨ In beiden Fällen steigt *de facto* die Geldmenge (die Umlaufsmittel werden ausgeweitet).

→ Eine exogene Steuerung der Geldmenge ist gegeben, weil die Zentralbank

⌇ die monetäre Basis bestimmt,

⌇ die Mindestreserven der Geschäftsbanken festsetzt,

⌇ die Nichtbanken das emittierte Zentralbankgeld (Noten und Münzen) bei den Geschäftsbanken nachfragen müssen.

Die praktische Umsetzung von Ideen der Currency Theorie durch die *Peel'sche Bankakte* wirkt nur vordergründig wie ein großer Erfolg der Currency Schule. Entscheidende Momente sind durch die bank- und währungspolitische Praxis verwässert worden[130], so dass die *Peel'sche Bankakte* letztlich in der Praxis fatale Folgen für die Currency Schule zeitigte[131].

---

[130] Am Goldstandard beteiligten sich auch Staaten, die keine oder kaum eigene Goldvorräte hielten. Stattdessen garantierten jene Staaten die Deckung ihrer Noten mit den Noten bedeutender Zentralbanken; jene Staaten waren also nur indirekt ans Gold gebunden. Es gab folglich auch im klassischen Goldstandard so etwas wie sekundäre und tertiäre Währungen, somit also keine eigentlichen Währungen, sondern nur irgendwelche Zertifikate, die bei Bedarf in irgendwelche Banknoten irgendeiner Gold-Währung des klassischen Goldstandards eingelöst werden konnten. Siehe Hülsmann, Jörg Guido: Die Ethik der Geldproduktion. Waltrop 2007, S. 246.

[131] Prollius, Michael von: Geschichte wiederholt sich: Kontroverse Geldpolitik um 1825; https://www.mises.de/public_home/article/396. Michael von Prollius betont, dass trotz des klaren Sieges der richtigen theoretischen Prinzipien der Currency Schule, die Peel'sche Bankakte als faktischer Sieg der Meinungen der Banking Schule zu werten ist. Letztendlich wurden 1914, durch die Kriegsfinanzierung mit unge- decktem Papiergeld, alle Prinzipien der Currency Schule aufgegeben. Der Sieg der Banking Schule in der politischen Praxis der Geld-, Bank- und Währungspolitik war total und führte im 20. Jahrhundert zu heftigen Inflationsphasen, Konjunkturzyklen (Aufschwüngen, gefolgt von scharfen Rezessionen) und zu deftigen Finanzkrisen im Banken- sektor.

Gründe für das Scheitern der *Peel'schen Bankakte*:

✖ Es gab keine 100%ige Golddeckung der Banknoten.

✖ Der Zentralbank waren zwar bezüglich einer expansiven Geldmengenpolitik durch die realen Goldvorräte Grenzen gezogen[132].

Das Teilreservebanksystem jedoch ließ die Geldschöpfung der Banken ex nihilo (aus dem Nichts) zu.

Die Theoretiker und Praktiker der Currency Schule hatten nicht erkannt, dass die Bankdepositen die gleiche Rolle spielen, wie nicht durch Gold gedeckte Banknoten[133]:

---

[132] „Vom Sinn der Golddeckung haben viele Leute eine falsche Vorstellung. Sie glauben, dass der Wert des Geldes vom Wert seiner Deckung abgeleitet sei. Dem ist aber nicht so. Die Golddeckung hatte einen ganz anderen Zweck: Sie soll dem Notenbankleiter eine *Grenze für Inflationsabsichten* setzen." Machlup, Fritz: Führer durch die Krisenpolitik. Frankfurt/M. 2000, S. 156.

Damals wurde der Politik und der Zentralbank also eine reale Grenze gesetzt. In unserer Zeit existieren für die Geld- und Währungspolitik keinerlei Grenzen durch irgendwelche realen Größen! Ob sich heutzutage die Geldpolitiker und die Mitglieder von Zentralbankräten, die über Zinshöhe und Geldmenge entscheiden, eventuell an surrealen oder irrealen Größen orientieren? Leider entzieht sich dies meiner Kenntnis.

[133] Michael von Prollius zeigte, dass die Geldtheorie der Vertreter der Currency Schule grundsätzlich richtig gewesen sei. Aber leider hätten

✓ Das Teilreservesystem erlaubte es den Banken, aus Depositen (Sichteinlagen) neue Darlehen und damit neue Depositen zu schaffen, die ungedeckte Geldmenge wurde regelmäßig erhöht[134].

Diese Aufblähung der Geldmenge wirkte immer wieder – auch beim klassischen Goldstandard – wie ein Fluss, der regelmäßig

---

die Vertreter der Currency Schule die Probleme des Teilreservebankensystems nicht völlig überschaut; außerdem fehlte der Currency Schule die Verzahnung der Geldtheorie mit einer schlüssigen Kapital- und Konjunkturtheorie. Prollius, Michael von: Geschichte wiederholt sich: Kontroverse Geldpolitik um 1825; https://www.mises.de/public_home/article/396.

[134] Bei einer Sichteinlage (Girokonto) hat der Deponent jederzeitig das vollständige Verfügungsrecht über das Konto. Im Teilreservebanksystem braucht eine Bank nur einen Bruchteil der Girokontensumme als Reserve in bar zu halten, den Rest kann sie z. B. verleihen. Dadurch, dass in England die Banken die Darlehen, die bewilligt werden, als bewilligtes Darlehenskonto in den Bücher aufführen, erhöht sich direkt die Buchgeldmenge (z. B. Reservesatz auf Sichteinlagen = 10%, Bareinzahlung auf ein Girokonto = 100£, bewilligtes Darlehenskonto = 90£. Folglich werden aus eingezahlten Sichteinlagen von 100£ in bar durch die Geldschöpfung ex nihilo 190£ in Buchgeld). Obwohl materiell nur 100£ vorhanden sind, haben zwei Wirtschaftssubjekte (der Deponent und der Darlehnsnehmer) simultan die gleichen Verfügungsrechte auf 90£ dieser 100£; siehe Huerta de Soto, Jesús: Geld, Bankkredit und Konjunkturzyklen. Stuttgart 2011, S. 9, S. 12f. und S. 119-177.

über seine Ufer tritt und verheerende Überschwemmungen verursacht.

Solche Krisen sind dem Teilreservebankensystem inhärent und werden immer wieder provoziert.

✓ Das Zentralbanksystem als „lender of last resort" (Verleiher der letzten Zuflucht, auch: Kreditgeber der letzten Instanz) für das angeschlossene Teilreservebankensystem war nun endgültig installiert[135].

Die Geldschöpfung der Banken ex nihilo führte immer wieder zu Bankenkrisen, so dass die Bank of England zum „lender of last resort"mutierte. Die Bank of England stellte Liquidität zur Stützung der kriselnden Banken zur Verfügung. Diese zusätzliche Liquidität wurde durch ungedeckte Papiergeldemissionen

---

[135] Für Huerta de Soto war der entscheidende Fehler, dass die Currency Schule den Vorschlägen Ricardos zur Übertragung des Monopols der Banknotenemission an die Zentralbank folgte. Dies war die beste Methode, um der Politik, unterstützt durch die Banking Schule, das Werkzeug zu inflationären Notenemissionen in die Hand zu geben. Für Huerta de Soto ist es geradezu paradox, dass die Currency Schule die Schaffung einer Zentralbank vorantrieb, welche schließlich Schritt für Schritt genutzt wurde, um eine Politik der monetären Sorglosigkeit und der finanziellen Exzesse voranzutreiben. Das Ausblenden der Depositen und Darlehen bei den Privatbanken in der Peel'schen Bankakte wurde zum maßgeblichen Grund, der die Peel'sche Bankakte letztendlich als Fehlgriff erscheinen lässt. Huerta de Soto, Jesús: Geld, Bankkredit und Konjunkturzyklen. Stuttgart 2011, S. 440f.

erbracht[136]. Das war nach der *Peel'schen Bankakte* nicht zulässig, weshalb diese dann kurzfristig außer Kraft gesetzt wurde.

c) Geldverbesserer

Kruse/Lechner beschreiben, dass gerade in Krisenzeiten immer wieder „Geldverbesserer" auftreten. Menschen, die wirtschaftliche Fehlentwicklungen und/oder missliche Zustände der Geldordnung zuschreiben und diese verbessern wollen[137].

Kruse/Lechner und auch *Machlup*[138] unterscheiden zwischen Reformern, die das Geld komplett abschaffen wollen, und

---

[136] Machlup zeigte auf, dass solche Krisen schon an normalen Ultimostichtagen auftreten können, wenn mehr Bargeld als vorher kalkuliert aus den Teilreservebanken durch die „Doppelverwendung der Verfügungsmacht" abfließt. Machlup weist daraufhin, dass auch Ricardo, obwohl Vertreter der Currency Schule, für solche Stichtage die Geldversorgung an die Bedürfnisse der Wirtschaft angepasst haben wollte. Siehe Machlup, Fritz: Börsenkredit, Industriekredit und Kapitalbildung. Frankfurt/M. 2002, S. 170ff. und für den Verweis auf Ricardo S. 172, Fußnote 1.

[137] Kruse, Alfred / Lechner, Hans H.: Geld und Kredit. Stuttgart 1970, S. 309-312, auf S. 313-346 werden Originaltexte der „Geldverbesserer" – auch in deutscher Übersetzung – vorgestellt.

[138] Machlup, Fritz: Führer durch die Krisenpolitik. Frankfurt/M. 2000, S. 132-150, Machlup zählt die Anhänger der „Index-Währung", also derjenigen Reformer, die die Geldpolitik auf die Stabilisierung der durchschnittlichen Preise irgendeines Warenspiegels ausrichten wollen, ebenfalls zu den „Geldverbesserern".

solchen, die nur reformieren möchten. *Kruse/Lechner* sind der Ansicht, dass der Reiz der Theorien solcher „Geldverbesserer" darin besteht, dass diese wie unter einem Vergrößerungsglas wenige Teilaspekte und einzelne Probleme des praktischen Wirtschaftslebens in den Mittelpunkt stellen und dabei diese Teilaspekte sehr in den Vordergrund rücken, überbetonen und deshalb extrem einseitig in ihren Theorien werden[139].

Kruse/Lechner zählen zu den Geldverbesserern[140]:

➢ *Thomas Morus*, welcher in seiner Utopia eine Insel schildert, die nur Gemeineigentum und Arbeitszwang kennt. Gold und Silber haben keine Geldfunktion, sondern stellen nur das Grundmaterial für Nachtgeschirr und Fußfesseln von Sklaven.

➢ *Robert Owen*, ein englischer Sozialutopist. Dieser eröffnete 1832 eine Börse, in der Waren gegen Waren gehandelt wurden. Geld wurde ausgeschaltet, die gehandelten Waren sollten entsprechend der erforderlichen Arbeitszeit bei der Produktion bewertet werden. Schon nach zwei Jahren brach *Owens* Börse zusammen.

---

[139] Kruse, Alfred / Lechner, Hans H.: Geld und Kredit. Stuttgart 1970, S. 309f.

[140] Siehe Kruse, Alfred / Lechner, Hans H.: Geld und Kredit. Stuttgart 1970, S. 309-312.

- Der französische Sozialist *Pierre Joseph Proudhon* plante eine Tauschbank. Geld, Kredit und Zins sollten abgeschafft werden, damit das Nichtarbeitseinkommen und das nicht durch Arbeit entstandene Eigentum verschwinden würde. Die Tauschbank sollte Produzenten die Waren zum natürlichen Wert (Gegenwert von Arbeitszeit nebst Auslagen, aber ohne Gewinn) abnehmen. Die Produzenten hätten dann das Recht, ihrerseits die benötigten Produkte bei der Tauschbank zu erwerben. Zahlungsmittelengpässe würde es somit zukünftig nicht mehr geben können.

    Zur Realisierung der Tauschvorgänge wollte *Proudhon* Tauschbons einführen. Also wäre Geld nur scheinbar abgeschafft, denn die Tauschbons wären nur wiederum Geld unter einem neuen Namen gewesen. Ein großzügiges Emittieren solcher Bons würde auch eine Inflation der Geldmenge bedeuten[141].

- *Lenin* ersetzte das kapitalistische Geld im Kriegskommunismus durch Arbeitszertifikate, deren Wert die geleistete Arbeitszeit sein sollte.

- *Otto Neurath* erhoffte sich 1919 aus den Erfahrungen mit der Kriegswirtschaft, dass sich die Volkswirtschaften zu Großnaturalwirtschaften entwickeln würden. Staatliche

---

[141] Zu den Plänen Proudhons siehe auch Blankertz, Stefan: Politik der neuen Toleranz. Wetzlar 1988, S. 77f.

Produktions- und Konsumplanung würden den Störfaktor „Geld" überflüssig machen.

➢ Ähnliche Gedanken entwickelte *Otto Berthold* 1924 mit seiner völkisch-kommunistischen „Großkonsumplanwirtschaft".

➢ *Jeremy Bentham* wollte eine Verlangsamung der Umlaufgeschwindigkeit des Geldes erreichen. Um dieses Ziel zu erreichen, schlug er vor, dass die Banknoten des staatlichen Papiergeldes wie Wertpapiere verzinst werden sollten.

➢ *Silvio Gesell* wollte genau das Gegenteil von *Bentham*. Er plädierte (1916) für ein „Schwundgeld", welches im Zeitverlauf genau festgelegte Wertverluste erleidet. Das „Schwundgeld" würde von den Wirtschaftssubjekten schnellstens ausgegeben werden, weil es ständig an Wert verliert und schließlich wertlos wird. Ein Horten oder liquides Vorhalten auf Bankdepositen – beides war für *Gesell* verwerflich – würde dann nicht stattfinden, nur Ausgaben für Konsum und für Investitionen würden getätigt (ob sinnvoll oder nicht)[142]. Auch dieser Plan scheiterte in der Praxis rasch.

---

[142] Zur Kritik an Silvio Gesell siehe auch die Analyse von Taghizadegan, Rahim: Kritik der Freiwirtschaft nach Silvio Gesell. Wien 2008. Zu den aktuellen Positionen der Nachfolger Gesells siehe z. B. INWO e.V.; https://www.inwo.de/.

> *Benjamin Graham* (1936) und *Frank D. Graham* (1942) schlugen vor, das Papiergeld an lagerungsfähige Rohstoffe, z. B. Weizen, Kautschuk, Kupfer zu koppeln. Geldschöpfung oder -vernichtung würde dann immer nur in Kombination mit einem solchen Warenbündel stattfinden. Sollte die Nachfrage nach den Gütern jener Warenbündel sinken, dann sollen diese Produkte gegen Geld getauscht und eingelagert werden. Bei steigender Nachfrage sollte umgekehrt vorgegangen werden. Dadurch erhofften sich die beiden Autoren eine Stabilisierung des Geldwertes und der Konjunktur.

d) Die Neoklassik

Standardmäßig kann man in den Lehrbüchern zur ökonomischen Theoriegeschichte lesen, dass die „Neoklassik" mit der so genannten „marginalistischen Revolution" der 1870er Jahre begann. Eingeleitet wurde – gemäß jener Standardliteratur – dieser Wechsel „von der objektiven zur subjektiven Wertlehre" durch drei Ökonomen:

> Der Österreicher *Carl Menger* (1840-1921) und seine Habilitationsschrift ‚Grundsätze der Volkswirtschaftslehre' (1871).

> Der Engländer *William Stanley Jevons* (1835-1882) in seiner ‚Theory of Political Economy' (1871).

> Der Franzose *Léon Walras* (1834-1910), der im schweizerischen Lausanne forschte, mit den ‚Eléments d'économie politique pure' (1874).

Des Weiteren wird zumeist angemerkt, dass sich diese drei neoklassischen Stränge spätestens in den 1930er Jahren zu einem Hauptstrang vereinigt haben[143]. In diesem einheitlichen neoklassischen Theoriegebäude wären alle guten Theorieansätze und Ideen der drei ursprünglichen Stränge eingeflossen[144]. Für

---

[143] Für Huerta de Soto ist alleine die Schule Mengers subjektivistisch. Die Traditionen, die sich aus den beiden anderen Strängen ergaben, verhaften weiterhin in starkem Maße im objektiven Ansatz der ökonomischen Klassik. Siehe Huerta de Soto, Jesús: Geld, Bankkredit und Konjunkturzyklen. Stuttgart 2011, S. 357f.

[144] So bspw. Seidel in Bezug auf eine Aussage Hayeks: „Alles was an der Wiener Schule gut war, wirkt im Gebäude der allgemeinen Theorie fort." Seidel, Hans: Ausstrahlung und Fortwirkung der Wiener Schule; in: Leser, Norbert (Hrsg.): Die Wiener Schule der Nationalökonomie. Wien 1986, S. 227. Obwohl Seidel sich hier scheinbar auf Hayek beruft, der auch gesagt hatte: „Der größte Erfolg einer Schule ist es, daß sie aufhört, als solche zu bestehen, weil ihre Grundideen Bestandteil der allgemeinen Lehre geworden sind." (Seidel. S. 227), stimmt dies so nicht. Hayek selbst hat die naturwissenschaftlich-mathematischen Methoden für die ökonomische Theorie nicht selbst angewandt; darüber hinaus hat er auch – in der einen oder anderen Form – oft vermerkt, dass der Untersuchungsgegenstand der „Allgemeinen Gleichgewichtsanalyse" einen Zustand untersuche, indem alles das,

Vanberg ist das eine falsche Sicht. *Vanbergs* Einschätzung erscheint richtig, weshalb die „Wiener Schule der Ökonomie" noch einmal separat betrachtet wird[145].

---

was Wirtschaft ausmacht, mittels restriktiver Annahmen und Definitionen eliminiert wurde.

Diese Sicht deutet sich nach meiner Meinung schon in Hayeks Habilitationsschrift an; auch wenn er dort im Rahmen der Gleichgewichtsbetrachtung seine Gedanken entwickelt, ist es ersichtlich, dass er die Handlungen der Wirtschaftssubjekte nur in Richtung Gleichgewicht tendieren sieht. Dabei stellte er bspw. heraus, dass es im Rahmen des Gleichgewichtsmodells einen Gleichgewichtszins für das Realkapital gibt, den es in der Realität nie geben wird – in dieser gibt es eine Vielzahl von Zinssätzen. Hayek, Friedrich August von: Geldtheorie und Konjunkturtheorie. Wien und Leipzig 1929 (Reprint Salzburg 1976). Hayeks Sichtweise wird besonders im Vortrag: „Der Strom der Güter und Leistungen" deutlich, siehe Hayek, Friedrich August von: Die Anmaßung von Wissen. Neue Freiburger Studien. Tübingen 1996, S. 130-147.

[145] Siehe hierzu Vanberg, Viktor: Evolutorische Ökonomik: Homo Oeconomicus, Markt und Institutionen. Freiburger Diskussionspapiere zur Ordnungsökonomik 1/04, PDF-Manuskript, S. 1ff. Vanberg erläuterte hier, warum diese Sicht falsch ist. Die durch Carl Menger begründete „Wiener Schule" gehört keinesfalls zum Mainstream der Neoklassik, der in der Ökonomie vorzugsweise mit naturwissenschaftlich-mathematischen Methoden arbeitet.

Diese Ansicht wird gestützt durch Menger selbst, der sich beim brieflichen Austausch mit Walras entschieden gegen die Mathematik

Geldnachfrage und Geldangebot

Das Modell der „Allgemeinen Gleichgewichtstheorie" von *Léon Walras* ist bis heutzutage das grundlegende Modell der mathematischen Analysemethodik im Mainstream der Neoklassik. In diesem Modell werden die Gleichgewichtspreise und die entsprechenden Gleichgewichtsmengen über ein Gleichungssystem simultan bestimmt. Dieses neoklassische Modell der „Allgemeinen Gleichgewichtstheorie" wirkt zunächst auf mich als Betrachter wie eine Welt ohne „Geld". Letztendlich werden „Güter" durch „Güter" getauscht und ein weiser, allwissender Auktionator steuert simultan die Allokation[146]. Dieser Eindruck

---

als Analyseinstrument der Wirtschaftstheorie aussprach. Siehe z. B. den Hinweis von Neck auf S. 12 im Vorwort zu Neck, Reinhard (Hrsg.): Die Österreichische Schule der Nationalökonomie. Frankfurt/M. 2008.

Im Anhang 1 dieses Buches sind die Hauptpunkte, sozusagen die tragenden Pfeiler, welche die „Wiener Schule der Ökonomie" vom neoklassischen Hauptstrom unterscheidet, aufgelistet. Siehe Schulak, Eugen Maria / Unterköfler, Herbert: Die Wiener Schule der Nationalökonomie. Weitra 2010, S. 183f.

Der Anhang 2 zeigt eine Übersicht von Huerta de Soto, in der er die Positionen der „Wiener Schule der Ökonomie" vom ökonomischen Mainstream abgrenzt – hier dem Hauptstrom Makroökonomie, bestehend aus Keynesianern und Monetaristen. Tabelle aus Huerta de Soto, Jesús: Geld, Bankkredit und Konjunkturzyklen. Stuttgart 2011. S. 404.

[146] Söllner, Fritz: Die Geschichte des ökonomischen Denkens. Berlin 2001, S. 121.

wird durch *Léon Walras* selbst verstärkt wegen seiner Aussage, dass „Geld nur ein Schleier ist", der über der realen Wirtschaft liegt[147].

Walras selbst meinte die Geldlücke in seiner Theorie mit dem Kassenhaltungsansatz zu schließen, dieser Ansatz besagt[148]:

- Geld hat andere Eigenschaften als die realen Güter;

- das Geld erbringt eine „Dienstleistung", indem es

  - die Zeit zwischen der Kaufkraftentstehung und der Güternachfrage bei den Konsumenten überbrückt,

  - bei den Unternehmen die nicht synchronisierten Zahlungsströme (Zahlungseingänge und -ausgänge) überbrückt,

  - dadurch den Naturaltausch überwindet und somit die Transaktionskosten senkt.

⇨ Daraus erwächst die Wertspeicherfunktion als Dienstleistungsfunktion des Geldes;

⇨ die Kasse – also das Geld – ist ein indirektes Konsumgut, welches den Konsum der Zukunft erst ermöglicht.

---

[147] Vgl. Spahn, Heinz-Peter: GELDWIRTSCHAFT, Universität Hohenheim, PDF-Manuskript, S. 3f. und S. 60ff.

[148] Anderegg, Ralph: Grundzüge der Geldtheorie und Geldpolitik. München 2007, S. 36f.; Söllner, Fritz: Die Geschichte des ökonomischen Denkens. Berlin 2001, S. 121-125.

Die optimale Kassen- oder Geldhaltung wird bei *Walras* bestimmt mittels der mathematischen Grenznutzenanalyse.

Kritik am *walrasianischen* Konzept der Kassenhaltung[149]:

- Warum die Wirtschaftssubjekte Kasse (Geld) halten, wird nicht klar. Irgendein anderes gängiges Transaktionsmittel würde die gleichen Dienste leisten.

- Sind die Ein- und Auszahlungen terminlich exakt festgezurrt, dann macht die Kassenhaltung wenig Sinn, denn Kassenbestände bräuchten dann nicht gehalten zu werden.

  - ✗ Vielmehr könnte die verfügbare Kaufkraft alternativ verwendet, z. B. als terminlich fixiertes Darlehen verliehen werden.

  - ✗ Dadurch würden sich in Form von Zinserträgen zusätzliche Einnahmen ergeben.

  - Letztendlich passt das Kassenhaltungskonzept nicht zu *Walras* und seiner Vorstellung des „Geldes als Schleier".

---

[149] Entlehnt aus Anderegg, Ralph: Grundzüge der Geldtheorie und Geldpolitik. München 2007, S. 37.

Ein etwas anders gestalteter Ansatz wird mit der so genannten Cambridge-Gleichung[150] der englischen Neoklassiker *Alfred Marshall* (1842-1924) und *Arthur Cecil Pigou* (1877-1959) zum Ausfüllen der Geldlücke im neoklassischen Gütermarktmodell geliefert. Heutzutage entspricht die Cambridge-Gleichung formal der Quantitätstheorie des Geldes der *Fisher'schen Verkehrsgleichung*[151], mit dem feinen, aber entscheidenden Unterschied, dass in der Cambridge-Gleichung die Umlauf geschwindigkeit durch einen inversen Kassenhaltungs- koeffizienten ersetzt wird. *Marshall* und *Pigou* stellten die Frage nach der proportionalen Kassenhaltung in Relation zum Volkseinkommen (Output).

Prämissen, warum Geld notwendig ist:

- Reale Güter werden oft zeitversetzt gekauft und verkauft.

- Geld ist das Gut, welches als Vermögensspeicher dient, um diese Zeiten zu überbrücken.

---

[150] Siehe bei den folgenden Ausführungen zur Cambridge-Gleichung Anderegg, Ralph: Grundzüge der Geldtheorie und Geldpolitik. München 2007, S. 38ff. Auf den Pigou-Effekt (Preisniveau sinkt => Deflation => reale Geldmenge steigt => Güternachfrage steigt) werde ich nicht eingehen.

[151] Anzumerken ist noch, dass die Cambridge-Schule in der Regel Partialanalysen der Teilmärkte bevorzugte, während Walras die mathematische Totalanalyse vorantrieb. Zu Irving Fishers Verkehrs- gleichung siehe im Folgenden.

- Der Vermögensspeicher wappnet besser bezüglich zukünftiger Risiken bei den Eingängen und Ausgängen der Zahlungen.

- Der Kassenhaltungskoeffizient bestimmt die Transaktionskasse.

- Dieser gibt an, welcher Anteil des Volkseinkommens als Geld gehalten wird.

- Die entscheidenden Faktoren für die Höhe der Transaktionskasse sind:

  ✗ Die Höhe des Volkseinkommens (des Outputs).

  ✗ Die Höhe des Vermögens.

  ✗ Die jeweiligen Präferenzen, die unter anderem durch die monetäre Basis, welche die Zentralbank exogen bereitstellt, beeinflusst sind.

  ✗ Die Opportunitätskosten (entgangene Zinsen).

  ✗ Die erwartete Preisentwicklung.

⇨ *Pigou* ging vereinfachend davon aus, dass diese Determinanten kurzfristig konstant sind und zum Volkseinkommen in einem relativ stabilen Verhältnis stehen. Somit war das Volkseinkommen für *Pigou* die entscheidende Größe bei der Bestimmung der Kassenhaltung.

Trotz der regelmäßig mathematisch-formalen Darstellung der Cambridge-Gleichung in den Standard-Lehrbüchern, spiegeln sich in der Cambridge-Gleichung verhaltenstheoretische Motive. Neben dem Transaktionsmotiv spielen Vermögens- und Vorsichtsgründe eine Rolle bei der Kassenhaltung.

Es wird nicht gefragt:

Wie viel Geld muss ein Wirtschaftssubjekt – bedingt durch die institutionellen und technischen Parameter – halten?

Vielmehr wird in der Cambridge-Gleichung gefragt:

„Wie viel Geld will das Wirtschaftssubjekt als Kasse halten?"

Diese Frage beantwortet das 2. *Gossen'sche Gesetz*: Grenznutzen und Grenzkosten der letzten in der Kasse gehaltenen Geldeinheit müssen sich entsprechen.

Die Quantitätstheorie von *Irving Fisher* (1867-1947) ist eine Weiterentwicklung des Ansatzes von *David Hume* zum Geldangebot. Die ursprüngliche *Fisher'sche Verkehrsgleichung*[152] sieht wie folgt aus:

---

[152] Anderegg, Ralph: Grundzüge der Geldtheorie und Geldpolitik. München 2007, S. 159-166.

$$M \: x \: v + M' \: x \: v' = \Sigma pQ \quad \text{oder} \quad P \: x \: T$$

Dabei bezeichnen:

M   =   Münzen und Noten

v   =   Umlaufsgeschwindigkeit von Münzen und Noten

M'   =   Volumen der Bankdepositen (über welche auch mit Schecks verfügt werden kann)

v'   =   Umlaufsgeschwindigkeit der Bankdepositen

ΣpQ =   Güterpreisniveau

P   =   Preisniveau

T   =   Transaktionsvolumen

Ex definitione sind die Bedingungen der Gleichung immer erfüllt, somit ist die Gleichung eine reine Identitätsgleichung.

Fisher selbst betonte, dass die Wirtschaftsprozesse nur im Zusammenhang zwischen natürlichen Ressourcen und den technischen Produktionsmöglichkeiten zu sehen sind. Die Höhe der Geldmenge interessiere nicht, so dass eine Verdopplung der Geldmenge das Handelsvolumen und die Umlaufsgeschwindigkeit nicht tangieren würde.

Ergo meinte *Fisher*, dass das Geld langfristig keinerlei realen Effekte ausüben kann, sondern nur eine Relation zwischen dem Preisniveau und der Geldmenge gegeben ist.

Bedingungen der *Fisher'schen Verkehrsgleichung*:

◆ Die Geldmenge ist exogen gegeben.

◆ Geld schafft keinerlei eigenen Nutzen, Kassenhaltung erfolgt nur zum Zwecke der Transaktionen.
   Die Kaufkraft der realen Güter wird durch Geld symbolisiert.

◆ Die Preise sind völlig flexibel.

◆ Es herrscht Vollbeschäftigung.

◆ Das *Saysche Theorem* ist gültig.
   „Güter" können nur mit „Gütern" erworben werden, das Güterangebot determiniert die Güternachfrage.

◆ Das Gesetz von *Walras* gilt:
   „Wenn bei *n* Gütern *n-1* Gütermärkte im Gleichgewicht sind, muss der *nte* Markt auch im Gleichgewicht sein"[153]:

   ✖ Es herrscht ein allgemeines Gleichgewicht zwischen Gütermarkt, Arbeitsmarkt und Kapitalmarkt. Gemäß

---

[153] Siehe bspw. aus der Vielzahl der einführenden Lehrbücher Heine, Michael / Herr, Hansjörg: Volkswirtschaftslehre. München 2003, 3. Auflage, S. 55.

dem mathematischen Gesetz von *Walras* saldieren sich diese Märkte zu Null.

× Überschüssiges Geld wird mittels erhöhter Güternachfrage durch die Wirtschaftssubjekte abgebaut, und zwar so lange, bis sich wieder ein Gleichgewicht eingependelt hat.

Verhaltenstheoretische Annahmen sind in der Gleichung nicht enthalten, sondern die Parameter der Gleichung reagieren rein mechanisch, ohne die Anpassungsprozesse irgendwie zu erklären. Ob alle oder wenige der Marktteilnehmer so absolut mechanisch-rational handeln oder ob doch verschiedene oder viele Marktteilnehmer an Geldillusionen leiden, lässt sich aus der Gleichung nicht ableiten. Auch wenn *Fisher* später in seinen Arbeiten von einem Preiserwartungseffekt ausgeht, so ändert dies nichts Grundsätzliches am Ansatz der Verkehrsgleichung.

Zusammenfassend ist festzuhalten, dass in der „Allgemeinen Gleichgewichtstheorie" das Geld in dieser idealen Modellwelt eigentlich überflüssig ist[154]:

---

[154] Siehe. Spahn, Heinz-Peter: GELDWIRTSCHAFT, Universität Hohenheim, PDF-Manuskript, S. 60ff. Spahn, der zu der monetär-keynesianischen Gruppe um Hajo Riese zu zählen ist, differenzierte in seiner Kritik nicht zwischen Neoklassik und „Wiener Schule der Ökonomie", Hayek ist für ihn ein Neoklassiker, erst Keynes habe die Nicht-Neutralität des Geldes aufgedeckt. Dies ist so nicht korrekt:

✓ Die Durchführung der Tauschaktionen auf dem Gütermarkt ist in diesem Modell auch ohne Geld abzuwickeln.

✓ Da das Gleichungssystem simultan gestaltet ist, laufen alle Prozesse unmittelbar und zeitgleich ab.
Ergo ist die Zeit im Grunde wegdefiniert und somit können auch unmittelbar Güter gegen Güter getauscht werden – ohne Geld.

✓ Da die reale Welt im Vergleich zu der *walrasianischen* Modellwelt unvollkommen ist, dient das Geld nur als Tauschvermittler im Handelsprozess.
Geld ist das Schmiermittel, das die unvollkommene Realität näher an die Idealwelt des Modells heranführt.

Cantillon erkannte die Nicht-Neutralität des Geldes schon 200 Jahre vor Keynes, ebenso Wicksell 1898, ebenfalls analysierte Mises die Nicht-Neutralität 1912 – also lange vor Keynes – und dies war dem Mises-Schüler Hayek ebenfalls bewusst. Außerdem ist Spahns Kritik am Modell der „Allgemeinen Gleichgewichtstheorie" meiner Meinung nach mit der schon erwähnten Sichtweise Hayeks in einigen Teilen deckungsgleich.
In der walrasianischen Idealwelt spielt auch die „Zeit" eigentlich keine Rolle und ist eher hinderlich. Im Grunde genommen sind „Geld" und „Zeit" im Modell „Störfaktoren", die wegdefiniert sind. Somit kann man das Modell auch ein reines „Gedankenexperiment" nennen; angelehnt an Hirte, Katrin / Thieme, Sebastian: Mainstream, Orthodoxie und Heterodoxie. Zur Klassifizierung der Wirtschaftswissenschaften. Discussion Paper. Universität Hamburg 2013, S. 36.

✓ In der modelltheoretischen Idealwelt spielt Geld hingegen keine Rolle, denn in dieser werden letztendlich nur reale Produkte getauscht. Nur das real existierende Marktsystem ist unvollkommen.

✓ Die reale Welt weicht vom kostenlos erreichbaren Tausch-optimum ab.

✓ Es existiert kein perfektes, zentrales Verrechnungs- und Informationssystem.
Ohne ein solches wird der direkte Gütertausch aufwendig und umständlich. Eventuell entfallen hierdurch mögliche Tauschaktivitäten.

✓ Nichtsdestoweniger gilt auch in der real unvollkommenen Welt das ökonomische Prinzip; dieses Prinzip sorgt zur Problemlösung für die Entstehung des Hilfsmediums „Geld".

✓ Das Medium „Geld" übernimmt die Rolle des *walrasianischen* Auktionators und senkt so unter anderem die Transaktionskosten bei den dezentralen Tausch-vorgängen.

⇨ Fazit:
Das Medium „Geld" verbessert das Funktionieren der real existierenden Märkte.
In der nicht existierenden idealen *walrasianischen* Modell-welt ist Geld nicht notwendig.

Zinstheorie[155]

Der schwedische Ökonom *Knut Wicksell* (1851-1926) untersuchte die Zusammenhänge zwischen Geldmenge, Zinsen und Preisniveau[156]:

◆ Der Marktzins ist der Darlehenszins des Kreditmarktes. Der Darlehnszins bildet sich auf dem Kreditmarkt durch das Zusammenspiel von Angebot und Nachfrage für Kredite.

◆ Der natürliche Zins ist der Zins, der sich ergeben würde, wenn das Realkapital in natura geliehen und verliehen würde[157].

◆ Sind die volkswirtschaftlichen Ersparnisse und Investitionen im Gleichgewicht, so entspricht der natürliche Zins

---

[155] „Es ist vielleicht nicht zu viel gesagt, wenn man behauptet, daß die Bedeutung, die ein Nationalökonom dem Zins als Regulator der wirtschaftlichen Entwicklung beimißt, vielleicht das beste Kriterium für seine theoretische Einsicht ist." Siehe Hayek, Friedrich August von: Geldtheorie und Konjunkturtheorie. Wien und Leipzig 1929 (Reprint Salzburg 1976), S. 119.

[156] Anderegg, Ralph: Grundzüge der Geldtheorie und Geldpolitik. München 2007, S.98 ff. und S. 166ff. Der hier beschriebene Effekt ist nach Wicksell selbst – „Wicksell-Effekt" – benannt worden.

[157] Wicksell, Knut: Geldzins und Güterpreise. Aalen 1968, S. 93 und S. 110f.; siehe auch Wicksell, Knut: Vorlesungen über Nationalökonomie 2. Aalen 1969, S. 217ff., besonders S. 220.

annähernd der Ertragsrate des Realkapitals der Unternehmungen.

◆ Der natürliche Zins entspricht dem Aufschlag, der beim Tausch von gegenwärtigen zu zukünftigen Gütern zu leisten ist.

◆ Entsprechen sich Marktzins und natürlicher Zins, dann ist der Marktzins neutral und es kommt zu keinen Preisschwankungen der Güterpreise als Folge der Zinsunterschiede.

◆ Es existiert ein Kapitalmarkt für Ersparnisse und Investitionen.

◆ Geldmengenerhöhungen der Zentralbank haben günstigen Einfluss auf die Geldmarktzinsen.

Diese günstigen Einflüsse des Geldmarktes werden in den Kapitalmarkt transferiert.

Die expansive Geldpolitik der Zentralbank lässt sich nun in zwei Strängen abbilden:

Erste Wirkungskette

* Die Geldmenge wird durch die Zentralbank erhöht.
* Daraus resultiert ein gestiegenes Kreditangebot durch die Geschäftsbanken.
* Das gesteigerte Kreditangebot bewirkt, dass der Marktzins sinkt.
* Der natürliche Zins bleibt vorerst unverändert.
* Investitionspläne der Unternehmer, die beim alten Marktzins unrentabel waren, werden nun rentabel.
* Als Folge wird die Investitionstätigkeit der Unternehmer steigen.
* Verstärkte Investitionen werden den natürlichen Zins tangieren, dieser wird sich ändern.
* Unternehmer werden aus den Investitionsalternativen stets diejenigen wählen, die den höchsten Ertrag erbringen.
* Bei wachsender Investitionstätigkeit werden dann zunehmend auch Investitionen mit geringeren Ertragsraten bedient.
* Daraus folgt, dass der natürliche Zins absinken wird.
* Es werden solange lohnende Investitionen getätigt, bis sich der natürliche Zins auf das abgesenkte Niveau des Marktzins' eingependelt hat.

Zweite Wirkungskette

× Die Geldmenge wird durch die Zentralbank erhöht.

× Daraus resultiert ein gestiegenes Kreditangebot durch die Geschäftsbanken.

× Das gesteigerte Kreditangebot bewirkt, dass der Marktzins sinkt.

× Dadurch steigt die Kreditnachfrage der Unternehmen.

× Eine gestiegene Kreditnachfrage bewirkt nun eine Steigerung des Marktzinses, somit war die Absenkung des Marktzinses nicht dauerhaft.

× Auch hier gilt, sobald sich Marktzins und natürlicher Zins angleichen, wird die Kreditnachfrage für zusätzliche Investitionen eingestellt werden.

⇨ Fazit:

Aus diesen beiden Wirkungsketten folgt, dass *Wicksell* dem Geld und dem Zins reale Effekte zugesprochen hat, denn nach Ablauf dieser beiden Ketten hat sich die Kapitalstruktur der Wirtschaft real geändert.

Eine weitere neoklassische Erklärung für den Zins lieferte *John Bates Clark* (1847-1938). Nach *Clark* ist der Zins gleich dem Grenzwertprodukt des Kapitals[158], also dem physischen Grenzprodukt, multipliziert mit dem Preis des Produktes. Der Zins ist nach dieser Sicht die Entlohnung des Produktionsfaktors Kapital. Somit kam *Clark* zu einer rein funktionalen Verteilungstheorie. Diese Sicht des Einkommenskreislaufs ist in vielen einführenden Lehrbüchern als Standard enthalten[159].

Wie *Walras* geht auch *Clark* von simultan ablaufenden Prozessen aus: Konsum- und Produktionsprozesse laufen gleichzeitig ab. Anders als *Walras*, der von produzierten Produktionsmitteln ausgeht, unterstellt *Clark* nun dauerhafte Produktionsmittel mit

---

[158] Bei Clark gibt es nur zwei Produktionsfaktoren, nämlich 1. Arbeit und 2. Kapital. Seine funktionale Verteilung kennt nur zwei Einkommensarten, den ‚Lohn für die Arbeit' und den ‚Zins für das Kapital'. Mehr dazu siehe bspw. Kruse, Alfred: Geschichte der volkswirtschaftlichen Theorien. Berlin 1959, I. Kapitel als PDF-Manuskript, S. 24.

[159] Für Berger ist die Grenzproduktivitätstheorie weder als Theorie der Einkommensverteilung noch als Theorie der Faktorpreisbildung – und damit auch des Zinses – überzeugend, da Clark nur die Nachfrage nach Produktionsfaktoren und nicht auch das Angebot von Produktionsfaktoren erkläre. Berger, Johannes: Der diskrete Charme des Marktes. Wiesbaden 2009, S. 62.

einem homogenen Kapitalstock, der sich – dies ist im Modell so angelegt und verankert – stets wie von selbst erneuert[160].

Clarks Modell eines homogenen und sich wie von selbst erneuernden Kapitalstocks wurde von *Irving Fisher* und später auch von *Frank Hyneman Knight* (1885-1972) übernommen. *Knight* gilt zusammen mit *Jacob Viner* (1892-1970) als einer der einflussreichen Denker der Chicagoer Schule.

Gegen diese Sicht eines homogenen und sich wie von selbst stets neu regenerierenden Kapitalstocks, der als solcher Zinsen abwirft, wurde von Seiten der „Wiener Schule der Volkswirtschaftslehre" – hier vor allem *Eugen von Böhm-Bawerk* – entschiedener Einspruch angemeldet. *Böhm-Bawerk* bezeichnete in der Diskussion mit *Clark* dessen Kapitaltheorie als „mystisch" und „statisch". Kapital müsse mit unternehmerischer Kreativität eingesetzt werden, um einen Zins abzuwerfen – einen automatischen Zins des Kapitals gibt es nicht[161].

Ab den 1920er Jahren griffen auch *Machlup* und *Hayek* auf Seiten der „Wiener Schule der Volkswirtschaftslehre" in die Diskussion ein. In der mystischen Kapitaltheorie der Chicagoer Schule verortete *Hayek* die Basis des Keynesianismus. Der Chicagoer

---

[160] Binswanger, Hans Christoph: Kapital – was ist das? (Texte 2008 – Universität Graz), PDF-Manuskript, S. 9.

[161] Böhm-Bawerk, Eugen von: Kapital und Kapitalzins. Meisenheim am Glan 1961, Band 1, S. 77.

Schule und den Keynesianern warf *Hayek* vor, dass ihre (makro)ökonomischen Ansätze ohne Nutzen sind, da es ihnen an einer systematischen Kapitaltheorie mangele[162].

e) Die „Wiener Schule der Ökonomie"

Carl Menger gilt als der Gründervater der „Wiener Schule der Ökonomie". Das Wertparadoxon (Wert und Nutzen eines Gutes) der ökonomischen Klassik löste *Menger* durch die Grenzbetrachtung: Welchen Beitrag zur Bedürfnisbefriedigung eines Menschen leistet eine weitere Einheit eines Gutes? Oder mit den Worten *Mengers* selbst umschrieben[163]:

> *„Die Bedeutung, welche Güter für und uns haben, und welche wir Werth nennen, ist lediglich eine übertragene. Ursprünglich haben nur die Bedürfnisbefriedigungen für uns eine Bedeutung".*

Über die Rangordnung der Bedürfnisse schrieb *Menger*[164]

> *„Wenn in einem Lande nach einer überreichen Ernte ein Magazin mit 100.000 Metzen Korn verbrennt, so wird als*

---

[162] Die österreichische Kritik ist kommentiert bei Huerta de Soto, Jesús: Geld, Bankkredit und Konjunkturzyklen. Stuttgart 2011, S. 363ff.

[163] Siehe Menger, Carl: Gesammelte Werke Band 1. Tübingen 1970. S. 107.

[164] Siehe Menger, Carl: Gesammelte Werke Band 1. Tübingen 1970. S. 107.

Folge des Unglücksfalles höchstens weniger Alkohol erzeugt werden".

und[165]

„Der Werth eines concreten Gutes, oder einer bestimmten Theilquantität der einem wirthschaftenden Subject verfügbaren Gesamtquantität eines Gutes ist für dasselbe gleich der Bedeutung, welche die wenigst wichtigen von den durch die verfügbare Gesamtquantität noch gesicherten und mit einer solchen Theilquantität herbeizuführenden Bedürfnisbefriedigungen für das obige Subject haben. Diese Bedürfnisbefriedigungen sind es nämlich, rücksichtlich welcher das in Rede stehende wirthschaftenden Subject von der Verfügung über das betreffende concrete Gut, beziehungsweise die betreffende Güterquantität abhängt".

Am Beispiel Geld, das die Menschheit keineswegs erfunden hat, sondern das die Menschen *gefunden* haben, beschrieb *Menger* schon in seinen „Grundsätzen" die sozialen Erscheinungen, die spontan entstehen und durch menschliche Handlungen ungeplant dauerhafte Institutionen installieren[166].

---

[165] Siehe Menger, Carl: Gesammelte Werke Band 1. Tübingen 1970. S. 108f. Hier beschreibt Menger den Grenznutzen, ohne den Begriff selbst zu gebrauchen, diesen prägte Friedrich von Wieser.

[166] Siehe Menger, Carl: Gesammelte Werke Band 1. Tübingen 1970. S. 250-271. Hayek formulierte diese Erscheinungen später in Anlehnung an Adam Ferguson („An Essay on the History of Civil

Kurzer Überblick zu Kapital, Geld und Zins

Die Lehre *Mengers* wurde durch *Eugen von Böhm-Bawerk* um eine subjektivistische Kapitaltheorie erweitert. *Böhm-Bawerk* ging der Frage[167] nach:

> *„Warum vermittelt Eigentum an Kapitalgütern ein positives Einkommen?"*

Wichtig ist, dass für *Böhm-Bawerk* das Kapital kein selbständiger Produktionsfaktor ist, sondern aus der Kombination von Boden und Arbeit abgeleitet wird: Kapitalgüter sind produzierte Produktionsmittel[168].

Society" (1767), Versuch über die Geschichte der bürgerlichen Gesellschaft. Frankfurt/M. 1988): Hayek, Friedrich August von: Die Ergebnisse menschlichen Handelns, aber nicht menschlichen Entwurfs; in ders.: Freiburger Studien. Tübingen 1969, S. 97-107.

In der deutschen Ferguson-Ausgabe wird die Stelle (S. 258), auf welche von Hayek sich bezieht, leicht variiert übersetzt: „Die Nationen stoßen gleichsam im Dunkeln auf Einrichtungen, die zwar durchaus das Ergebnis menschlichen Handelns sind, nicht jedoch die Durchführung irgendeines menschlichen Planes."

[167] Orosel, Gerhard O.: Eugen von Böhm-Bawerk. Eine Analyse seiner Kapitaltheorie; in: Leser, Norbert (Hrsg.): Die Wiener Schule der Nationalökonomie. Wien 1986, S. 116.

[168] Schefold hob dies als einen wichtigen Unterschied Böhm-Bawerks zum neoklassischen Hauptstrom hervor; siehe Schefold, Bertram: Eugen von Böhm-Bawerks „Positive Theorie des Kapitals"; in: ders.:

Das Kerngehäuse[169] der *Böhm-Bawerk'schen* Kapitaltheorie besagt[170]:

> Die Individuen, die am wirtschaftlichen Handeln teilnehmen, haben unterschiedliche Zeitpräferenzen.

> Gegenwärtige Konsumgüter werden zukünftigen Konsumgütern vorgezogen.

Es ist also eine Höherwertigkeit gegenwärtiger Güter zu zukünftigen Gütern gegeben: *Gesetz der Gegenwartspräferenz.*

> Der Eigentümer von Tauschmitteln (in der Regel Geld) verzichtet auf Konsum in der Gegenwart im Tausch gegen zukünftige Güter.

Beiträge zur ökonomischen Dogmengeschichte. Düsseldorf 2004, S. 307. Bei Böhm-Bawerk heißt es ganz lapidar: „Kapital ist ein Zwischenprodukt von Natur und Arbeit, weiter nichts"; Böhm-Bawerk, Eugen von: Kapital und Kapitalzins. Meisenheim am Glan 1961, Band 1, S. 132.

[169] Siehe hierzu z. B. Taghizadegan, Rahim: Wirtschaft wirklich verstehen. München 2011, S. 105-108, S. 114-117 und S. 121-135.

[170] Schefold erwähnte, dass Böhm-Bawerk im Jahre 1876 im Heidelberger Seminar von Karl Knies eine Arbeit vorlegte, in der von Böhm-Bawerk schon den Kerngedanken seines späteren theoretischen Systems entwickelte; siehe Schefold, Bertram: Eugen von Böhm-Bawerk: Entdeckungen und Irrtümer in der Geschichte der Zinstheorien; in: ders.: Beiträge zur ökonomischen Dogmengeschichte. Düsseldorf 2004, S. 293.

> Als Gegenleistung für seinen Verzicht erhält er einen Zins, dieser entspricht dem Agio seiner persönlichen Wertschätzung bezüglich der Verschiebung des gegenwärtig möglichen Konsums in die Zukunft.

Also ist der Zins keine objektive Größe, sondern beruht auf einer rein subjektivistischen Wertschätzung: Was und wie viel ist dem Einzelnen der Konsumverzicht wert?

Oder anders ausgedrückt: Zeit ist Geld, der Zins symbolisiert den Marktpreis für diesen Konsumverzicht auf Zeit.

> Im Marktprozess bildet sich dieser Kapitalzins durch die Interaktionen der einzelnen Wirtschaftssubjekte.

Bei *Böhm-Bawerk* sind Kapitalgüter die Etappen auf dem Weg zur Herstellung von Konsumgütern. Die Etappen dienen dem Ziel, die Versorgung mit Konsumgütern zu verbessern, indem diese Etappen die Arbeitsproduktivität und dadurch im Zielpunkt den Konsumgüter-Output steigern:

„Gelungene Kombinationen aus Konsumverzicht (Sparen) und Investitionen (Risiko) verbessern die Tretmühle des normalen Alltags"[171].

Am Anfang steht demzufolge die unternehmerische Idee, wie durch *„Produktionsumwege"* (die Etappe Kapitalgut) die alltäg-

---

[171] Vgl. dazu meine Buchbesprechung zu Taghizadegan, Rahim: Wirtschaft wirklich verstehen. Einführung in die Österreichische Schule der Ökonomie. München 2011; https://www.amazon.de/gp/customer-reviews/R1FZC9KEM8W615/ref=cm_cr_getr_d_rvw_ttl?ie=UTF8&ASIN=3959721552

liche Konsumgüterversorgung leichter zu meistern sein könnte. *Orosel* betont, dass folglich die Analyse der Kapitalgüter bei der zugrundeliegenden *„Zeitstruktur des Primärinputs"* anzusetzen hat und nicht bei den Kapitalgütern selbst[172].

Ein einprägsames Beispiel, wie eine solche Zeitstruktur des Primärinputs abläuft, findet man bei den Brüdern *Schiff*[173]:

- Auf einer Insel leben drei Personen, deren Nahrung der Fisch ist. Mit der Hand kann jeder, trotz großer Routine, maximal nur einen Fisch pro Tag fangen und verzehren.

- Wie kann die Wohlfahrt, die Versorgung gesteigert werden? Jedenfalls nicht durch die Steigerung der gesamt-wirtschaftlichen Nachfrage, da sowieso schon die komplette und maximal mögliche Produktion nachgefragt und verbraucht wird!

- Einer der drei Männer hat eine Idee: Er verzichtet einen Tag auf den Fischfang und wird, statt zu fischen, ein Netz flechten. Er hofft durch den Einsatz des Netzes seine tägliche Fangquote zu vermehren, und er hat Erfolg mit der Idee.

---

[172] Siehe Orosel, Gerhard O.: Eugen von Böhm-Bawerk. Eine Analyse seiner Kapitaltheorie; in: Leser, Norbert (Hrsg.): Die Wiener Schule der Nationalökonomie. Wien 1986, S. 116.

[173] Siehe Schiff, Peter D. / Schiff, Andrew J.: Wie eine Volkswirtschaft wächst … … und warum sie abstürzt. Kulmbach 2011, S. 22-72. Dieses einfache Beispiel gilt auch für moderne Gesellschaften und komplexe, hochentwickelte Volkswirtschaften.

- Die beiden anderen Männer wollen ihm nacheifern, aber nicht einen Tag auf das Essen verzichten.

    Der Erfinder des Netzes hat wegen des erhöhten Fangs die Möglichkeit, Fischvorräte anzulegen. Daher kann er den anderen Männern Darlehen in Fischen gewähren: Ohne den Konsum gänzlich einzuschränken, können die beiden Männer nun auch jeder ein Netz flechten.

- Weil nun allen Inselbewohner die Möglichkeit gegeben ist, durch den „Produktionsumweg" des Fischnetzes Lebensmittelvorräte anzulegen, wird der Alltag für die Inselbewohner leichter: Es stehen mehr Konsumgüter zur Verfügung als vorher; und sie haben nun die Zeit noch weitere Ideen für nutzenstiftende „Produktionsumwege" zu entwickeln.

Es ist ersichtlich, dass in die Kapitaltheorie *Böhm-Bawerks* nur gelungene Kombinationen des oben beschriebenen Vorgangs in die Analyse einzubeziehen sind[174]. Die Möglichkeit des

---

[174] Böhm-Bawerk, Eugen von: Kapital und Kapitalzins. Meisenheim am Glan 1961, Band 1, S. 17-91, dort wird klar, dass von Böhm-Bawerk nur „gewisse ‚klug' oder ‚geschickt' gewählte längere Produktionsumwege" betrachtet. Ideen, die praktisch scheitern, mag man nachweinen; gescheiterte Ideen sind aber nutzlos, denn hier wird ein Konsumverzicht zu einem Opfer ohne nachfolgenden Wert. Zur Fehlanlage von Kapital siehe auch: Mises, Ludwig von: Grundprobleme der Nationalökonomie. Jena 1933, S. 208-211: Die Fehlverwendung von Kapital.

Scheiterns einer unternehmerischen Idee schließt unmittelbar das Vorhandensein eines risikolosen Zinses aus[175].

Böhm-Bawerks Kapital- und Zinstheorie würdigte *Orosel* wie folgt[176]:

(1) Die Theorie decke auf, dass in inhaltlich sehr verschiedenen Phänomenen eine gemeinsame – nicht unmittelbare offenliegende – Struktur enthalten ist. Dies würde von keiner konkurrierenden Theorie aufgedeckt.

(2) Die Theorie enthalte eine plausible Hypothese über den Zeitablauf und das Produktionsergebnis, dies würde ebenfalls von keiner konkurrierenden Theorie formuliert:

„Konsum und Produktion haben eine vergleichbare zeitliche Struktur, eine gemeinsame ‚Grammatik‘"[177].

Ludwig von Mises ergänzte die Kapital- und Zinstheorie um eine Geldtheorie, die das Geld evolutorisch – also im Einklang mit

---

[175] Eingehend zum risikolosen Zins siehe Taghizadegan, Rahim: Wirtschaft wirklich verstehen. München 2011, S. 138-141.

[176] Orosel, Gerhard O.: Eugen von Böhm-Bawerk. Eine Analyse seiner Kapitaltheorie; in: Leser, Norbert (Hrsg.): Die Wiener Schule der Nationalökonomie. Wien 1986, S. 125.

[177] Siehe Orosel, Gerhard O.: Eugen von Böhm-Bawerk. Eine Analyse seiner Kapitaltheorie; in: Leser, Norbert (Hrsg.): Die Wiener Schule der Nationalökonomie. Wien 1986, S. 124. Bei diesem Lob ist hervorzuheben, dass Orosel nicht zu den Vertretern der „Wiener Schule" zählt.

Carl Menger – in das Spiel von Angebot und Nachfrage der subjektivistischen Wertlehre integrierte[178].

Mises unterstellte einen weitgefassten Geldmengenbegriff! Alles, was im Wirtschaftsleben bei den handelnden Akteuren Geldcharakter annimmt, fließt bei *Mises* in die relevante Geldmenge (Zentralbankgeld plus Umlaufsmittel) ein. Daraus folgen verschiedene Geldformen:

◆ Warengeld im engeren Sinne (Gold, Silber, etc.),

◆ Zeichengeld, juristisch zu Geld ernannt,

◆ Kreditgeld, also geldwerte Forderungen, die Geldfunktionen annehmen können,

◆ Geldsurrogate, z. B. nicht durch Warengeld gedeckte Banknoten,

◆ Geld im weiteren Sinne, wie Bankdepositen und Geldzertifikate.

Mises fasste also die Geldmenge ähnlich weit, wie dies die Banking Schule tat. Er war jedoch kein Theoretiker der Banking Schule, sondern verband seine Geldtheorie mit von *Böhm-Bawerks* Kapital- und Zinstheorie, *Wicksells* Zinstheorie und

---

[178] Vgl. unter Punkt II. 3) die Ausführungen zum Regressionstheorem und die dortigen Verweise.

Positionen der Currency Schule[179]. Mittels dieser Kombination schuf *Mises* seine Konjunkturtheorie, die „Austrian-Business-Cycle-Theory", eine fundierte mikroökonomische Konjunkturtheorie. Verursacher der (monetären) Konjunkturzyklen sind die Zentralbank und die Geschäftsbanken mittels ihrer Politik der Geldschöpfung[180]:

---

[179] Einiges hatte von Mises in der 1. Auflage seiner Geldtheorie von 1912 schon angedeutet, siehe bspw. Mises, Ludwig von: Die Theorie des Geldes und der Umlaufsmittel. München und Leipzig 1912, (Nachdruck, Auburn 2007), S. 424-436.

[180] Zur Ausweitung des Zirkulationskredits (Geldschöpfung der Banken), siehe etwa bei Mises, Ludwig von: Theorie des Geldes und der Umlaufsmittel. München und Leipzig 2. Auflage 1924, S. 347-375; insbesondere S. 371-375; ders.: Geldwertstabilisierung und Konjunkturpolitik. Jena 1928. S. 56ff.; ders.: Das Währungsproblem; Quelle: Mitteilungen des Verbandes österreichischer Banken und Bankiers, Wien, XVI. Jahr, Nr. 10/11, November 1934, S. 271 – S. 277, PDF-Manuskript S. 1ff.; ders.: Die Ursachen der Wirtschaftskrise. Tübingen 1931, S. 10ff. und ders: Grundprobleme der Nationalökonomie. Jena 1933, S. 209f.

Zur folgenden Beschreibung der „Austrian-Business-Cycle-Theory" siehe bspw. die Darstellung bei Bagus, Philipp: Für eine solide Volkswirtschaftslehre. Die Österreichische Konjunkturtheorie; in: Hoffmann, Christian / Bessard, Pierre (Hrsg.): Aus Schaden klug? Zürich 2009, S. 107-119.

➤ Das Teilereservebanksystem kann zusätzlich zur monetären Basis der Zentralbank per Kredit ex nihilo Geld schaffen[181]. Auf dieselbe Bargeldmenge entsteht eine mehrfache Verfügungsmacht.

→ Diese zusätzlichen Kredite werden, durch das Zusammenspiel von Angebot und Nachfrage, bei verbilligten Kreditkonditionen nachgefragt. Der Marktzins wird demzufolge durch die expansive Kreditpolitik der Banken sinken.

→ Das Bankensystem kann auch selbst den Marktzins künstlich beeinflussen und senken. Dadurch würde auch die Kreditnachfrage angeregt.

→ Ein abgesenkter Marktzins lässt Investitionen, die zum natürlichen Zins nicht rentabel sind, nun plötzlich rentabel erscheinen.

→ Die Kreditnachfrage durch Unternehmen bei Geschäftsbanken wird folglich ansteigen.

→ Auch eigentlich unproduktive Produktionskapazitäten werden durch die künstliche Niedrigzinspolitik der Geschäftsbanken am Laufen gehalten.

→ Die zusätzlichen Investitionen, als eine Folge der regen Kreditnachfrage, bewirken eine Nachfragesteigerung nach Ressourcen zwecks Erstellung dieser Investitionen.

---

[181] Siehe das Beispiel in Fußnote 134.

→ Die niedrigeren Zinsen bewirken, dass bei mehr oder weniger unveränderten Zeitpräferenzen der Wirtschaftssubjekte die Ersparnisse nicht auf gleichem Niveau bleiben werden, sondern die Tendenz zum Sinken wird gegeben sein, weil das Agio – dies vermitteln die abgesenkten Marktzinsen – beim Tausch der Gegenwartsgüter gegen Zukunftsgüter gesunken ist.

→ Daraus folgt, dass die zusätzliche Investitionsgüternachfrage auf eine mehr oder weniger unveränderte – wahrscheinlich sogar gestiegene – Konsumgüternachfrage treffen wird.

→ Folglich werden die knappen Ressourcen nunmehr vermehrt und gleichzeitig von Unternehmen aus der Investitionsgüterindustrie und aus der Konsumgüterindustrie nachgefragt – mit der Tendenz steigender Preise.

→ Das Gefüge der relativen Preise wird dadurch verzerrt. Die Signalfunktion der Preise wird fehlerhaft. Es wird zu Preissteigerungen – gerade auch bei den Ressourcen, die für Investitionen einzusetzen sind – kommen, mit der Folge, dass verschiedene der angegangenen Investitionsprojekte nunmehr unrentabel werden und nicht zu Ende gebracht werden können.

→ Eventuell kommt es durch diese Anspannungen der Faktormärkte auch zu steigenden Marktzinsen. Auch

dies wird verschiedene angefangene Investitions-
vorhaben unrentabel machen.

➢ Durch die Zentralbankpolitik kann das Szenario bewusst
herbeigeführt, vorangetrieben und gefördert werden:

✖ Die Zentralbank betreibt eine Politik des leichten Geldes,
indem sie bspw. die vorgeschriebenen Mindestreservesätze für die Geschäftsbanken senkt.
Diese Senkung bedeutet eine Erhöhung der monetären
Basis für die Geschäftsbanken und dadurch erhöht sich
demzufolge auch die Möglichkeiten der Geschäftsbanken
zur zusätzlichen Geldschöpfung.

✖ Die Zentralbank betreibt eine Politik der billigen Zinsen;
daraus folgt, dass sie die Zentralbankzinsen unterhalb
des natürlichen Zinses ansetzt.
Dadurch können sich die Geschäftsbanken billiger bei
der Zentralbank finanzieren und dies erhöht ebenfalls die
monetäre Basis der Geschäftsbanken zu günstigeren
Kreditkonditionen.

Ergo:

⇨ Krisen und Rezessionen sind das unabwendbare Ergebnis[182].

⇨ Diese bewirken, dass die Fehlinvestitionen, angestoßen durch eine falsche monetäre Politik, durch die Marktkräfte verworfen und bereinigt werden.

⇨ Sollte eine Zentralbank ihre Politik verschärfen, bspw. die Mindestreservesätze und die Zentralbankzinsen erhöhen, dann leitet die Zentralbank die ohnehin anstehende Bereinigung durch die Marktkräfte selbst schneller ein.

Die Weltwirtschaftskrise von 1929[183] sah *Mises* als Bestätigung seiner Theorie, da die Ursache der Krise von 1929 in der Politik des leichten Geldes der 1920er Jahre zu finden sei. Die Lösung sah *Mises* in einer 100%igen Deckung der bankmäßigen Umlaufsmittel.

---

[182] „Jede Neuausgabe von Umlaufsmitteln … drückt zunächst den Leihsatz herab und … die … Erweiterung des Zirkulationskredits löst … den Mechanismus der aufsteigenden Konjunktur aus und führt damit zur Krise und zu dem anschließenden Niedergang." Mises, Ludwig von: Geldwertstabilisierung und Konjunkturpolitik. Jena 1928, S. 57.

[183] Mises hatte vor einer solchen Krise in den 1920er Jahren laufend gewarnt, vgl. die Leseprobe zu Leisch, Daniel: Ursachen der Großen Depression im Hinblick auf die "Österreichische Geldtheorie"; https://www.grin.com/document/343289.

Die „Austrian-Business-Cycle-Theory" wurde durch *Hayek* verfeinert und weiter ausformuliert[184].

Hayek kommt dort zu dem Ergebnis, dass die gestiegene Geldmenge einige Marktteilnehmer bereichert und andere benachteiligt[185];

- diejenigen, die zuerst das neue Geld in Händen halten, werden noch zu alten, niedrigen Preisen agieren können;

- diejenigen, die mit dem neuen Geld erst spät in Berührung kommen – in erster Linie die Leute mit vertraglich festem Nominaleinkommen – werden zu den Geschädigten gehören.

---

[184] Dies wurde bereits im Textteil zur Fußnote 83 zum Cantillon-Effekt angedeutet.

[185] Bagus und Marquart beschreiben diesen Prozess des Bereicherns auf Kosten der Arbeits- und Lebensleistungen vieler anderer Menschen sehr anschaulich und einprägsam; siehe Bagus, Philipp/Marquart, Andreas: Warum andere auf Ihre Kosten immer reicher werden: . . . und welche Rolle der Staat und unser Papiergeld dabei spielen. München 2014.

In diesem Zusammenhang ist gerade für Nicht-Ökonomen das Buch Marquart, Andreas: Crashkurs Geld. München 2019 als Einführung zu empfehlen.

Hayek sah seine analytischen Überlegungen[186] zur Geld-, Kapital- und Konjunkturtheorie, genau wie *Mises* oder *Felix Somary*, durch die Weltwirtschaftskrise von 1929[187] bestätigt.

---

[186] Arbeiten Hayeks zur Konjunkturtheorie sind bspw. seine Habilitationsschrift Hayek, Friedrich August von: Geldtheorie und Konjunkturtheorie. Wien und Leipzig 1929 (Reprint Salzburg 1976); ders.: Preise und Produktion. Wien 1976, (Reprint der 1. Auflage von 1931); ders.: The Pure Theory of Capital. Norwich 1941, deutsch Die reine Theorie des Kapitals. Tübingen 2006 und ders.: Der Ricardo Effekt; in: Individualismus und wirtschaftliche Ordnung. Salzburg 1976, S. 281-323.

[187] Selbst Verschwörungstheoretiker wie Wolfgang Waldner haben einzuräumen, dass die Vertreter der „Wiener Schule der Volkswirtschaftslehre" – so bspw. Hayek im Februar 1929 – den Ausbruch der Weltwirtschaftskrise prognostizierten, Waldner, Wolfgang: Der Neoliberalismus und die angloamerikanischen Netzwerke; https://www.wolfgang-waldner.com/neoliberalismus/.

Alles, was Waldner am Zustand der Welt missfällt und alle Krisen sind durch Verschwörungen der Vertreter des Neoliberalismus verursacht. Waldner zufolge war Hayek 1929 in die Verschwörung „Weltwirtschaftskrise" verstrickt. Verursacht, verschärft und verlängert haben – so Waldner – diese und alle anderen Krisen und Katastrophen nur die Neoliberalen. Ähnlichen Unsinn äußern auch etliche Konservative und so genannte Fortschrittliche, bspw. Manfred Kleine-Hartlage oder Jean Ziegler.

Richtig ist, dass bspw. Friedrich von Hayek, Ludwig von Mises und Felix Somary – mit der von ihnen beherrschten Methodik der „Wiener

Murray Newton Rothbard untersuchte in seinem Buch ‚America's Great Depression'[188] mittels der *Mises-Hayek'schen* Konjunktur-theorie die Weltwirtschaftskrise von 1929[189]. *Rothbard* sieht die Gründe für den Ausbruch der „großen Depression" in der inflationären Geld- und Zinspolitik der US-Notenbank in den 1920er Jahren. Nach *Rothbard* ist die US-Geldmenge in den 1920er Jahren um über 60% gestiegen. Inflation bedeutet für *Rothbard*, genau wie bei *Mises*, ein Anstieg der ungedeckten Geldmenge[190].

Schule der Volkswirtschaftslehre" – in der Lage waren, qualitativ exakt das Kommen einer Weltwirtschaftskrise zu prognostizieren. Ihre Warnungen an die Regierungen wurden jedoch aus politischen Gründen professionell ignoriert. Stets haben in den letzten 120 Jahren Ökonomen der „Wiener Schule der Volkswirtschaftslehre" weit im Vorfeld der vielen Kalamitäten gewarnt; siehe Grözinger, Robert: Let's have a Tea Party in the USA: Bürgerbewegung rechtsherum. Eigentümlich frei, Ausgabe 104, S. 29.

[188] Rothbard, Murray Newton: America's Great Depression. Auburn 2000, 5. Auflage.

[189] Zu den folgenden Thesen Rothbards siehe Bökenkamp, Gérard: Ursache der Großen Depression von 1929: Friedmans Delle oder Rothbards Falschgeld?; https://ef-magazin.de/2011/07/04/3070-ursache-der-grossen-depression-von-1929-friedmans-delle-oder-rothbards-falschgeld.

[190] Tatsächliches Geld ist bei Rothbard gleich Gold; nicht durch Gold vollgedeckte Gelder oder Umlaufsmittel sind kein reales Geld, sondern fließen zusätzlich als „Scheingeld" inflationierend in den

Den Begriff der Geldmenge fasste *Rothbard* sehr weit und schloss alle möglichen Geldsubstitute mit ein. *Rothbard* erfasste also, ganz wie *Mises,* das Geld und die Umlaufsmittel, die irgendwie Zahlungsmittelcharakter aufweisen. Somit beruhte der Boom der 1920er Jahre auf einer Blase von ungedecktem Kreditgeld, und verführte auch Star-Ökonomen zu Illusionen[191]. Die Geld- und Zinspolitik der FED war für *Rothbard* der Grund für den Ausbruch der Weltwirtschaftskrise[192].

Wirtschaftsprozess und verzerren das Preisgefüge. In seiner Reise durch die amerikanische Geldgeschichte zeigte Rothbard, dass der Staat sein Geldmonopol stets genutzt hat, um die Währung zu inflationieren und Schulden zu machen; siehe Rothbard, Murray Newton: Das Schein-Geld-System. Gräfelfing 2005.

[191] So bspw. Irving Fisher, dieser schrieb 1929 wenige Tage vor dem Zusammenbruch der Wall Street: „Die Kurse haben ein dauerhaft hohes Niveau erreicht", er werde sogar noch Aktien kaufen. Siehe Buhrs, Hendrik: Ökonomen der Krise. Irving Fisher: Kreislauf des Grauens; https://www.wiwo.de/politik/konjunktur/oekonomen-der-krise-irving-fisher-kreislauf-des-grauens/5141092.html. Vgl. zu Irving Fisher auch North, Gary: Finanzkrise: Das Ende der faschistischen Ära; https://ef-magazin.de/2009/02/09/947-finanzkrise-das-ende-der-faschistischen-aera.

[192] Dadurch sieht Rothbard, genau wie Hayek und Mises, die österreichische monetäre Konjunkturtheorie durch 1929 voll bestätigt. Siehe Rothbard, Murray Newton: America's Great Depression. Auburn 2000, 5. Auflage, S. 84-181.

Das lange Andauern der Krise sah *Rothbard* in der Politik von Präsident *Hoover* (und daran anschließend Präsident *Roosevelt*) bedingt. Deren interventionistische Politik habe eine schnelle Bereinigung der geldpolitisch verursachten Verwerfungen durch die Marktkräfte verhindert[193].

Jesús Huerta de Soto analysiert im Buch ‚Geld, Bankkredit und Konjunkturzyklen' die Geldschöpfung ex nihilo der Geschäftsbanken auf verschiedenen Ebenen, so auch den „Geldschöpfungsmultiplikator" anspruchsvoll mathematisch[194].

Bedeutend dabei ist, dass *Huerta de Soto* in seinen Analysen nicht nur als Ökonom agiert, sondern ebenfalls eine juristisch fundierte Analyse zur rechtlichen Haltlosigkeit der Geldschöpfung ex nihilo der Geschäftsbanken vorlegt[195]. Die ökonomischen Reflexionen werden durch die rechtswissenschaftlich relevanten Reflexionen sozusagen exquisit flankiert. Er kommt somit wie *Mises, Hayek* oder *Rothbard* zu dem Ergebnis, dass die Weltwirtschaftskrise von 1929 originär durch Staatsversagen verursacht, verschärft und verlängert wurde.

---

[193] Siehe Rothbard, Murray Newton: America's Great Depression. Auburn 2000, 5. Auflage, S. 239-337.

[194] Siehe Huerta de Soto, Jesús: Geld, Bankkredit und Konjunkturzyklen. Stuttgart 2011, S. 143-183.

[195] Siehe Huerta de Soto, Jesús: Geld, Bankkredit und Konjunkturzyklen. Stuttgart 2011, S. 1-24 und S. 81-118.

3) Neueste Zeit: Dominierende theoretische Ansätze

a) Keynesianismus[196]

Hülsmann/Altenhof nennen zwei Kernthesen[197], auf denen das Theoriegebäude von *John Maynard Keynes* (1883-1946) und seiner Gefolgschaft ruht – also auch die keynesianische Geldlehre:

---

[196] Aus der Vielzahl der Lehrbücher wurde zur Darstellung des einfachen keynesianischen Standard-Modells eines ausgewählt, das zur Zeit meines Ökonomie-Studiums zur Pflichtlektüre zählte. Es handelt sich um Dernburg, Thomas Frederick/McDougall, Duncan M.: Lehrbuch der Makroökonomischen Theorie. 3. Aufl. Stuttgart 1981. Für die folgenden Ausführungen sei auf Kapitel 9-12 verwiesen, wenn nicht explizit andere Literatur genannt wird. Meine Ausführungen bleiben im IS-LM-Schema verhaftet, auch wenn Anhänger von Keynes dies als Vulgär-Keynesianismus bezeichnen und als nicht von Lord Keynes kommend bemäkeln würden.

Den Anhängern von Keynes kann man folgendes entgegenhalten (siehe zu den folgenden Bemerkungen Starbatty, Joachim: Hayek und die „Bubble-Economy"; 11. Friedrich-August-von-Hayek-Vorlesung. Freiburg 2007, PDF-Manuskript; ders.: Das konjunkturpolitische Drama ist entschieden – zugunsten F.A.v. Hayeks, Weimar 2018; Vortrag in Kurzform als PDF-Manuskript). In den 1930er Jahren standen während der Sraffa-Hayek-Debatte, die man eigentlich als eine Debatte zwischen Cambridge (Keynes/Sraffa) und Wien bzw. London (Hayek) bezeichnen sollte, die stärkeren Argumente auf der Seite Hayeks. Das sah im Grunde auch John R. Hicks gut drei Jahrzehnte später so. Hicks, der in den 1930er Jahren zunächst in London und dann in Cambridge

(1) Eine Krise wird durch die ungezügelten Kräfte des freien Marktes verursacht.

Der freie Markt muss durch die Wirtschaftspolitik an eine kürzere Leine gelegt und durch ein strenge(re)s Regelwerk in die richtigen Bahnen gelenkt werden.

(2) Das Hauptproblem ist in einer unzureichenden Gesamtnachfrage zu suchen.

Ökonomie lehrte, konnte die Debatte als Zeitzeuge aus erster Hand verfolgen. Gemäß Hicks lenkte Hayek die Sicht auf wichtige, reale Probleme, die von den Ökonomen damals nicht verstanden wurden und auch heutzutage – dies merkte Hicks 1967 an – noch nicht richtig verstanden werden.

John R. Hicks war der Ökonom, der die „General Theory" von Keynes aus dem Jahre 1936 mittels des IS-LM-Modells 1937 popularisierte. Dieses Modell ist der Grund, warum Hicks oft als „Bastard-Keynesianer" bezeichnet wird. Ein Irrtum, da in etlichen Erinnerungsstücken jener Tage aufgezeichnet ist, dass Hicks dieses Modell in Abstimmung mit Keynes entwarf. Außerdem gibt es Mitschriften zu den Vorlesungen von Keynes (vor 1936 und damit vor der „General Theory") die graphische Darstellungen enthalten, welche Keynes an die Tafel malte und damit die Grundlage für das IS-LM-Modell legte.

Die jahrzehntelangen Auseinandersetzungen Hayeks mit den Ideen von Lord Keynes sind als Buch gebündelt worden: Hayek, Friedrich August von: A Tiger by the Tail. London und Auburn 2009, 3. Auflage.

[197] Hülsmann, Jörg Guido/Altenhof, Ralf: Wozu Rettungspakete? Schweizer Monat 966 – 12/2008.

Die privaten Haushalte und Unternehmen tätigten unzureichende Ausgaben.

Diese Ausgabenlücke habe der Staat auszufüllen, mit so genannten Rettungspaketen, sonst würde die Wirtschaft in einem deflationären Strudel ersticken.

Das Geldangebot im keynesianischen Modell[198]:

Das Geldangebot ist exogen durch die Zentralbank und die Geschäftsbanken determiniert, das Angebot wird im Modell mit M^a angezeigt. Dieses M^a setzt sich in der weiten Betrachtung zusammen aus:

---

[198] In Stephan Ballings Dissertation werden die geldpolitischen Theorien wichtiger „Schulen der Ökonomie" einem Vergleich unterzogen, Balling Stephan: Sozialphilosophie und Geldpolitik bei Friedrich August von Hayek, Walter Eucken, Joseph Alois Schumpeter, Milton Friedman und John Maynard Keynes; Stuttgart 2013. Balling arbeitet dabei auch die sozial- und staatsphilosophischen Grundlagen der verschiedenen Denkschulen heraus, so dass die Unterschiede, aber auch die Schnittmengen zwischen Keynesianismus und Monetarismus gut herausgearbeitet sind. Ballings Zuordnung Hayeks zu den Monetaristen ist nicht richtig, dies belegt die Fußnote 162 und der dazugehörige Textteil (siehe oben), siehe auch Rösch, Manfred: Philosoph der Freiheit; https://www.fuw.ch/article/philosoph-der-freiheit/.

M^0 Zentralbankgeld (Banknotenumlauf, Münzen, Geldkonten bei der Zentralbank)

+ Sichteinlagen des Nichtbankensektors bei den Geschäftsbanken

= M^1

+ Quasi-Geld (z. B. Termineinlagen)

= M^2

+ Bankguthaben (z. B. Sparguthaben mit gesetzlicher Kündigungsfrist)

= M^3

=> M^3 spiegelt die große Geldmenge <=> M^a entspricht hier M^3.

Die Geldmenge oder das Geldvolumen ist ziemlich weit gefasst, ähnlich wie bei der Banking Schule. In den Lehrbüchern wird dabei in der Regel unterstellt, dass die Banken das Kreditschöpfungspotential aus Gründen der Vorsicht und Umsicht nicht voll ausschöpfen, dies wird regelmäßig in der Formel des „Geldschöpfungsmultiplikators" berücksichtigt. Folglich ist das Geldangebot im Grunde variabel, und zwar über den Geldschöpfungsprozess des Bankensektors mittels Giralgeld. Dieser ist aber begrenzt durch die vorgegebene Menge an Zentralbankgeld, die die maximale Höhe der Giralgeldschöpfung der Banken begrenzt.

Die Geldnachfrage im keynesianischen Modell:

Die Geldnachfrage (L) setzt sich zusammen aus einer Spekulationskasse (L_S) und einer Transaktionskasse (L_T). Die gesamte Geldnachfrage setzt sich also zusammen aus:

$$L_S \quad + \quad L_T \quad = \quad L_{ST}$$

Die gesamte Geldnachfrage (L_{ST}) ist abhängig von der Höhe des realen Volkseinkommens (Y), der Höhe von Zinssatz/Rendite (i) und der Höhe des Preisniveaus (p).

Wenn man, wie im Lehrbuch, die Geldnachfrage (L) rein formal unter Modellannahmen betrachtet, dann steigt die Geldnachfrage, wenn das Volkseinkommen steigt oder das Preisniveau steigt (in einer graphischen Modellbetrachtung leicht zu erkennen). Mutatis mutandis gilt das gleiche bei sinkenden Parametern.

Keynes teilte die Geldnachfrage in zwei Größen auf. Er unterstellte, dass die Wirtschaftssubjekte einmal Kasse halten aus Transaktionsgründen (L_T) und zweitens aus Spekulationsgründen (L_S). Aus vermögenstechnischen Überlegungen wählen die Wirtschaftssubjekte zwischen zwei Alternativen aus:

→   Entweder halten sie Geld in der Spekulationskasse

→   oder sie legen ihr Vermögen in Wertpapieren an.

Dabei unterstellte *Keynes*, falls die Wirtschaftssubjekte sinkende Zinsen erwarten, werden die Wirtschaftssubjekte mehr Geld in der Spekulationskasse halten. Außerdem wird angenommen, dass das Volumen der gehaltenen Spekulationskasse nicht sinken wird, wenn alle Wirtschaftssubjekte sinkende Zinsen erwarten.

Streng genommen findet in diesem Modell nur eine Art Wettbewerb um die Transaktionskasse statt, also dem Kassenteil, der für wirtschaftliche Aktivitäten herangezogen wird – für Konsum, Investitionen oder Sparen.

Wenn die Geldnachfrage und das Geldangebot übereinstimmen, dann gilt formal für das Lehrbuchmodell:

$$L_{ST} \qquad = \qquad M^a$$

In der graphischen Modellbetrachtung wird diese Gleichung dargestellt durch die LM-Kurve, diese symbolisiert dann alle Punkte, die der Gleichung entsprechen.

Diese Modellannahmen lassen sich um weitere Aspekte erweitern, z. B. um

- eine Konsumfunktion (C) in Abhängigkeit vom Volkseinkommen (Y)

- eine Sparfunktion (S) in Abhängigkeit vom Volkseinkommen (Y)

- eine Investitionsfunktion (I) in Abhängigkeit von den Zinsen (i)

- einem funktionierenden Kapitalmarkt, der bei I = S im Gleichgewicht ist

- einem Volkseinkommen (Y), welches erstens als „C + I" und zweitens als „C + S" definiert werden kann

- einer Produktionsfunktion, welche von der Angebotsseite her durch den Output dem „Y" entspricht

- einer Arbeitsnachfragefunktion $N_{(w/p)}$, welche abhängig ist vom Reallohn, ausgedrückt durch die Nominallohn-höhe (w) zum Preisniveau (p). Daraus folgt, dass sich die Unternehmen bei der Nachfrage nach Arbeit an realen Größen orientieren

- eine Arbeitsangebotsfunktion N_w, welche abhängig ist vom Nominallohnniveau. Es wird hier unterstellt, dass sich die Arbeiter etc. nur an Nominalgrößen orientieren und somit an „Geldillusion" leiden[199];

---

[199] Tatsächlich war es das Anliegen von Keynes, die Reallöhne zu senken, damit Großbritannien, dessen Nominal- und Reallöhne im 1. Weltkrieg stark gestiegen waren und die real auf hohem Niveau verharrten, international an Wettbewerbsfähigkeit hinzugewinnen konnte. Siehe bspw. Taghizadegan, Rahim: Das Versagen der Volkswirtschaftslehre; in: Hoffmann, Christian / Bessard, Pierre (Hrsg.): Aus Schaden klug? Zürich 2009, S. 93f.

Daraus lässt sich in Kurzform das einfache IS-LM-Modell[200] abbilden, welches in der graphischen Darstellung vieler Lehrbücher den Eindruck erweckt, als ob man mittels expansiver Geld- und Ausgabenpolitik alle ökonomischen Probleme lösen könnte[201]. Da die Parameter des Modells jedoch in einer Graphik nur rein mechanisch hin und her verschoben werden, ist die Substanz dieses graphischen Schemas fragwürdig!

Kritik an den Annahmen von *Keynes*[202]:

✓ *Keine Preissteigerungen?*

Die Wirkungen einer staatlichen Ausgabenpolitik, die mittels expansiver Geldpolitik finanziert wird, beruhen auf der Annahme einer stabilen und stationären Produktionsfunktion.

---

[200] Siehe Fußnote 196, wo das Modell bereits erwähnt wurde.

[201] Dabei wird stillschweigend unterstellt, dass zu den Teilnehmern dieses recht einfachen Modells nicht nur die privaten Akteure zählen, sondern auch die „öffentlichen Haushalte des Staates". Außerdem fehlt im Modell die Außenwirtschaft – die simple Modellversion geht nur von einer geschlossenen Volkswirtschaft aus. In der Literatur finden sich natürlich ausgefeiltere und komplexere Modellvarianten, die aber hier den Rahmen sprengen würden.

Die einfache Version vermittelt – besonders in der graphischen Darstellung – den Eindruck eines „Perpetuum mobiles".

[202] Weitgehend entlehnt aus Lechner, Hans H.: Währungspolitik. Berlin 1988, S. 203ff.

Es ist unwahrscheinlich, dass eine keynesianische finanzierte Nachfragesteigerung, die eben auch Preissteigerungen verursacht, keine Auswirkungen auf die Produktionsfunktion zeitigen würde.

Die Preissteigerungen, die in dem Modell durch die Nachfragesteigerung verankert und determiniert sind, bleiben gewiss nicht ohne Auswirkungen auf den Faktor Arbeit.

Die Gewerkschaften werden die Preissteigerungen bei Lohnverhandlungen, ohne Rücksicht auf reale ökonomische Fakten und Auswirkungen, zu kompensieren suchen.

Eine Expansion der Geldmenge – wie in diesem Modell – funktioniert nur in einem System des Zeichen- und Kreditgeldes, nicht in einem System mit „der Ware Geld".

✓ *Sparen ist identisch mit Ausfall von Konsumnachfrage?*

Die Annahme von *Keynes*, dass eine Erhöhung des Sparens bei steigenden Einkommen gleichbedeutend ist mit einem Rückgang bei der Konsumgüternachfrage, ist in der Regel falsch[203]. Bei einem gestiegenem Einkommen wird man eben nicht – wie *Keynes* meinte – das Abendessen ausfallen lassen, sondern sehr wohl – vielleicht sogar üppiger als vorher – zu Abend essen.

---

[203] Schon 1929 löste Hayek in seinem Habilitationsvortrag das so genannte Spar-Paradoxon auf; Hayek, Friedrich August von: Gibt es einen „Widersinn des Sparens"?; in: Hayek, Friedrich August von: Geld und Konjunktur, Band 1. Tübingen 2015, S. 341-386.

Und selbst ein Angstsparen passt nicht in die Annahmen von *Keynes*, weil Angstsparen erst eine Folge einer erwarteten oder schon eingetretenen Krise ist.

✓ *Kein Investitionsprozess?*

In der General Theory beschreibt *Keynes* keinen Investitionsprozess, sondern macht Witz und wird satirisch.
Die unterstellte Börsenspekulation ist keine übliche Hauptbeschäftigung der Unternehmer im produzierenden Gewerbe.

✓ *Spekulationstätigkeit von privaten Haushalten realistisch?*

Die Annahmen, die *Keynes* bezüglich der Zinsspekulation trifft, sind empirisch nicht belegt und wenig realistisch.
Einem privaten Haushalt fehlen in der Regel die Mittel und die Marktkenntnisse, um in dem von *Keynes* unterstellten Maß agieren zu können.

✓ *Investitionen ohne Einfluss auf den Zins?*

Keynes' Theorie unterstellt implizit, dass die Höhe des Sparens der Haushalte und die Investitionstätigkeit/-pläne der Unternehmen keinen Einfluss auf die Höhe des Zinses ausüben.
Außerdem ist die Unterscheidung zwischen Geld und Kredit ungenau.
Ebenso wird die Zinserwartung bei der Kreditnachfrage kaum berücksichtigt. Auch das Zeitmoment wird weitgehend ausgeblendet.

b) Monetarismus

Die Positionen des Monetarismus sind eng verbunden mit den Namen *Milton Friedman* (1912-2006) und *Karl Brunner* (1916-1989), die die monetaristische Sicht scheinbar als Gegenpart zum Keynesianismus entscheidend prägten[204].

Friedmans Positionen entwickelten sich aus dem Versuch, die in Verruf geratene Quantitätstheorie des Geldes zu rehabilitieren[205]. *Fishers* Verkehrsgleichung war ein Ansatz zur Bestimmung des Geldangebots und des Preisniveaus. *Friedmans* sah dies anders. Um durch die Berücksichtigung des Geldes in der Analyse fehlerhafte Interpretationen kurzfristiger ökonomischer Bewegungen zu vermeiden, sei die Quantitätstheorie aus Sicht des Geldangebotes und der Geldnachfrage zu betrachten. Die Quantitätstheorie sei eine Theorie des Kapitalmarktes[206].

---

[204] Siehe hierzu bspw. Janssen, Hauke: Milton Friedman und die „monetaristische Revolution" in Deutschland. Marburg 2006, z. B. die Rezeption Friedmans im 4. Kapitel ab S. 55 oder das Wirken Brunners, der 1968 den Begriff „Monetarismus" (S. 101) prägte, in der Schweiz und in Deutschland, S. 100-116.

[205] Janssen, Hauke: Milton Friedman und die „monetaristische Revolution" in Deutschland. Marburg 2006, S. 46.

[206] Friedman, Milton: Die Quantitätstheorie des Geldes: Eine Neuformulierung; in: Friedman, Milton: Die optimale Geldmenge und andere Essays. München 1976, 2. Auflage, S. 78ff.; alle Vermögensarten können in Geldgrößen ausgedrückt werden.

Friedman untersuchte die Motive der Geldhaltung. Genau wie *Keynes* kam er zum einkommensabhängigen Transaktionsmotiv und zum Spekulationsmotiv. Anschließend wurde die Geldnachfrage[207] kombiniert mit *Friedmans* Einkommensthesen (permanentes Einkommen/erwartetes Lebenseinkommen) und dem Portfolioansatz der Vermögenshaltung. Bei *Friedman* setzt sich das (vereinfachte) Portfolio zusammen aus[208]:

Geld – Wertpapiere – Realkapital (Sachgüter, wie bspw. Immobilien) – Humankapital

Friedman und *Keynes* lagen in ihren Ansätzen zur Geldnachfrage also nicht weit auseinander. Das kommentierte *Patinkin*[209] wie folgt:

---

[207] Janssen, Hauke: Milton Friedman und die „monetaristische Revolution" in Deutschland. Marburg 2006, S. 45ff.

[208] Friedman nannte seinen Ansatz „Neue Quantitätstheorie", später bürgerte sich die Bezeichnung „erweiterte Portfoliotheorie der Geldnachfrage" ein, siehe Lechner, Hans H.: Währungspolitik. Berlin 1988, S. 224.

[209] Zitiert nach Janssen, Hauke: Milton Friedman und die „monetaristische Revolution" in Deutschland. Marburg 2006, S. 46f. Patinkin sieht Friedman demnach erkenntnistheoretisch in einer verwandtschaftlichen Position zu Keynes. Dies sieht Huerta de Soto ebenfalls so, vgl. Huerta de Soto, Jesús: Geld, Bankkredit und Konjunkturzyklen. Stuttgart 2011, S. 402, wo er zustimmend Peter F. Drucker zitierte.

„Was Friedman vorgelegt hat, ist eine elegante Anwendung des modernen Portfolioansatzes auf die Geldnachfrage, die ... als eine Fortsetzung der keynesianischen Liquiditätspräferenztheorie angesehen werden muß".

Die neue Quantitätstheorie oder die erweiterte Portfoliotheorie der Geldnachfrage besagt[210]:

- Geld ist ein Teil des Gesamtvermögens.
- Geldbestände der privaten Haushalte sind wie Konsumgüter einzuordnen.
- Geldbestände der Unternehmen sind wie Kapital zu sehen.
- Jeder private Haushalt versucht, sein Gesamtvermögen so zu strukturieren, dass im Zeitablauf der Gesamtnutzen maximiert wird.
- Im optimalen Portfolio eines Haushalts des Gesamtvermögens ist der Grenznutzen der einzelnen Vermögensarten gleich.
- Diese optimale Zusammensetzung des Portfolio eines Haushalts wird bestimmt durch die relativen Erträge; diskontiert werden die relativen Werte oder relativen Preise.

---

[210] Vgl. zu den folgenden Ausführungen z. B. Janssen, Hauke: Milton Friedman und die „monetaristische Revolution" in Deutschland. Marburg 2006, S. 46ff., Jarchow, Hans-Joachim: Theorie und Politik des Geldes. I. Geldtheorie. Göttingen 1982, S. 243 ff. und Lechner, Hans H.: Währungspolitik. Berlin 1988, S. 223f.

Es wird demnach auf den Barwert jedes einzelnen Posten bzw. den Barwert des Portfolio abgestellt bzw. auf den Barwert des Gesamtvermögens des Portfolios.

Bei optimaler Zusammensetzung des Vermögens stiften alle Vermögensteile den gleichen Grenznutzen.

Wird diese Zusammensetzung durch Aktionen gestört, werden die privaten Haushalte Umschichtungen im Portfolio vornehmen.

Aufgrund dieser Sichtweise sind Geldmengenänderungen ein Störfaktor, der die Privathaushalte veranlasst, das Portfolio neu zu strukturieren. Erhält bspw. ein Haushalt mehr Geld, dann nimmt der Grenznutzen des Geldes in diesem Haushalt ab. Somit wird dieser Haushalt Geld durch andere Vermögenstitel substituieren. Dieser Prozess endet, sobald der Grenznutzen aller Vermögensarten in diesem Haushalt wieder gleich ist.

Eine analoge Überlegung führte *Friedman* bezüglich der – von *Keynes* unterschlagenen – Unternehmen durch, und kam zu ähnlichen Ergebnissen wie für die Haushalte.

Dabei gelangte *Friedman* zu der Auffassung, dass die Wirtschaftssubjekte eine Realkasse halten und dass ihre Geldnachfrage relativ stabil ist. Die Höhe des Zinssatzes übt nur einen geringen Einfluss aus.

Zudem hatte *Friedman* gemeinsam mit *Anna Jacobson Schwartz* eine umfangreiche empirisch-historische Untersuchung der

Geldpolitik der USA durchgeführt[211]. Auf Basis dieser Untersuchung in Kombination mit seinen Portfolioüberlegungen folgerte *Friedman* schließlich für die Geld- und Währungspolitik:

➢ Die Geldmenge ist der dominierende Indikator. Eine regulierende Währungspolitik hat sich an der Geldmenge und nicht am Zins auszurichten.

Eine Verstetigung der Geldmengenpolitik leistet einen wichtigen Beitrag bezüglich Planungssicherheit und Risikoabschätzung bei den Wirtschaftssubjekten. Dies kann die keynesianische „stop-and-go-Politik" nicht leisten.

---

[211] Auf Basis dieser Untersuchung (A Monetary History of the United States, 1964) kam Friedman bezüglich der Ursachen und Folgerungen aus der Weltwirtschaftskrise sozusagen zum gegenteiligen Ursachenergebnis als Rothbard (siehe oben). Vgl. Bökenkamp, Gérard: Ursache der Großen Depression von 1929: Friedmans Delle oder Rothbards Falschgeld?; https://ef-magazin.de/2011/07/04/3070-ursache-der-grossen-depression-von-1929-friedmans-delle-oder-rothbards-falschgeld.
Robert P. Murphy vertritt hingegen eine ähnliche Auffassung wie Rothbard und widerlegt die Ansichten von Friedman und anderen Monetaristen zur Weltwirtschaftskrise. Siehe die Buchbesprechung von Gordon, David: The Politically Incorrect Guide to the Great Depression and the New Deal, by Robert P. Murphy; https://mises.org/library/politically-incorrect-guide-great-depression-and-new-deal-robert-p-murphy.

➢ Aus den wirtschaftsgeschichtlichen Ergebnissen folgt, dass die Zentralbank die verantwortliche Instanz der Wirtschaftspolitik zu sein hat.
Eine stabile Geldversorgung durch die Zentralbank verhindert die Ursachen bzw. Verstärkungen von wirtschaftlichen Schwankungen. Währungsstabilität, Wirtschaftsaktivität und Vollbeschäftigung sind Sache der Geldpolitik und nicht der Fiskalpolitik.

➢ Die Fiskalpolitik ist für die Beschäftigungspolitik nutzlos, ja schädlich, denn die Sprunghaftigkeit der antizyklischen Fiskalpolitik gefährdet das Beschäftigungsvolumen.

➢ Entscheidend für Wachstum und Beschäftigung sind die Impulse der Angebotsseite, nicht der Nachfrageseite.
Die Zentralbank hat deshalb den Geldbedarf der Wirtschaft zu gewährleisten, um Wachstum und Beschäftigung nicht zu gefährden.

➢ Dauerhaft kann keine Zentralbank den Kapitalmarktzins manipulieren. Der Zins ist als Indikator für eine expansive Geldpolitik nicht von Nutzen, denn ein sinkender Zins zeigt nicht zuverlässig, dass expansive Geldpolitik überflüssig ist. Ebensowenig zeigt ein steigender Zins an, dass expansive Geldpolitik angebracht ist.

➢ Preisniveau, Wechselkurse und freie Liquiditätsreserven der Geschäftsbanken sind keine zuverlässigen Indikatoren für die Geldpolitik. Daraus folgt die Empfehlung, keine kurzfristige Interventionen auf Basis solcher Indikatoren durchzuführen. Die Zentralbankpolitik ist vielmehr auszurichten an den langfristigen Wachstumspotentialen der Volkswirtschaft. Eine verstetigte Geldmengenpolitik ist demnach gleichzeitig eine Verstetigung der Konjunkturpolitik.

➢ Wenn die langfristigen Potentiale einer Volkswirtschaft bei 3%-5% Wachstum liegen, dann sollte auch die Ausdehnung der Geldmenge ebenfalls 3%-5% entsprechen[212]; dies funktioniert nur bei Zeichen- bzw. Kreditgeld.

Diese Auffassung korrigierte *Friedman* später, da er aufgrund neuerer Untersuchungen zu dem Ergebnis kam, dass die optimale Geldmenge konstant zu halten sei, damit Produktivitätsfortschritte auch sinkende reale Preiseffekte herbeiführen[213].

---

[212] Siehe hierzu auch Haberler, Gottfried von: Wirtschaftswachstum und Stabilität. Zürich 1975, S. 284ff.

[213] Siehe hierzu auch Friedman, Milton: Die optimale Geldmenge; in: ders.: Die optimale Geldmenge und andere Essays. München 1976, 2. Auflage, S. 9-76. Der späte Friedman trat für eine Machtbeschränkung der Zentralbanken ein und bezog auch Positionen gegen das staatliche Geldmonopol. Rahim Taghizadegan kommentierte, „freilich wurden diese Meinungsänderungen nicht mehr rezipiert. Politisch setzt sich heute stets das durch, was ‚praktikabel', d. h. bequem ist." Siehe Taghizadegan, Rahim: Das Versagen der Volkswirtschaftslehre; in: Hoffmann, Christian / Bessard, Pierre (Hrsg.): Aus Schaden klug? Zürich 2009, S. 96.

Kritik an den Annahmen von *Friedmann*[214]:

Für den Marktwirtschaftler und Liberalen *Milton Friedman* war die Zentralbank in der Wirtschaftspolitik die entscheidende Institution. Der durch die Zentralbank gesteuerten Geld- und Währungspolitik sind alle anderen wirtschaftspolitischen Maßnahmen nachgeordnet.

Den Zentralbankmanagern wies *Friedman* die Aufgabe zu, die optimale Geldversorgung entsprechend den Bedürfnissen der nationalen Wirtschaft sicherzustellen.

Kann eine Institution wie die Zentralbank das leisten?

Das Wissen in einer Gesellschaft ist im Allgemeinen breit gestreut, Millionen von Haushalten und Unternehmen verfügen über irgendeinen Zipfel desjenigen Wissens, welches in Summe über die *Friedman'schen* Modellannahmen entscheidet.

Keine menschliche Institution, sei diese mit noch so vielen Fachleuten und EDV-Anlagen ausgerüstet, kann alle Informationen, die für die Bestimmung der Geldmengen (bspw. M^3), des Zinses usw. vonnöten sind, sammeln und noch dazu entsprechend den

---

[214] Huerta de Soto zeigt, dass auch das Zentralbanksystem nicht anderes ist als „sozialistische Planung". Die Unmöglichkeit der sozialistischen Wirtschaftsrechnung (von Mises) wird von Huerta de Soto konsequent auch auf das Zentralbanksystem des Monetarismus angewandt. Siehe Huerta de Soto, Jesús: Geld, Bankkredit und Konjunkturzyklen. Stuttgart 2011, S. 452-472.

gestellten Ansprüchen ordnungsgemäß und sachgerecht verarbeiten: Eine solche Vorstellung ist nur Anmaßung von Wissen[215]. In die gleiche Richtung zielte *Bill Bonner*, als er im Interview mit der Süddeutschen Zeitung sagte[216]:

> *„Wir wissen, dass Preiskontrollen nicht funktionieren, und dennoch erlauben wir Zentralbanken, den allerwichtigsten Preis in der Wirtschaft zu manipulieren: den Preis des Geldes."*

Im Grunde fordert *Friedman* eine mit totaler Macht über das Geld ausgestattete zentrale Planungsbehörde. Diese Planungsbehörde soll, ganz wie in sozialistischen Zentralverwaltungswirtschaften, über alle Belange des Geldes, bspw. über die monetäre Basis, auch die große Geldmenge M^3 steuern. Obwohl gerade das Geld das wichtigste Gut in einer Marktwirtschaft ist, soll dieses Gut planwirtschaftlich verwaltet werden?

Eine Wirtschaftsrechnung kann im Sozialismus nicht funktionieren, das hatte *Mises* schon 1920 bewiesen[217]. Die

---

[215] Hayek, Friedrich August von: Die Anmaßung von Wissen; in: Hayek, Friedrich August von: Die Anmaßung von Wissen. Neue Freiburger Studien. Tübingen 1996, S. 3-15.

[216] Zitiert nach Baader, Roland: Geldsozialismus. Gräfelfing 2010, S. 87.

[217] Im Winter 1920 präsentierte Mises dies in einem Vortrag in Wien, der Gedanke wurde dann weiter verfeinert und ausgeführt in Mises, Ludwig von. Die Gemeinwirtschaft. München 1981, II. Teil Die Wirtschaft des sozialistischen Gemeinwesens (Erstauflage 1922).

Geschichte hat *Mises* bestätigt. Trotzdem forderte ein Marktwirtschaftler und Liberaler wie *Friedman* für eines der wichtigsten Elemente der Marktwirtschaft die Einrichtung einer sozialistischen Planungsbehörde[218]? Eine solche Planungsbehörde kann langfristig nur Misserfolg haben und wird das Geld letztendlich zerstören.

Lenin hatte einmal gesagt[219]:

> *„Um die bürgerliche Gesellschaft zu zerstören, muß man ihr Geldwesen verwüsten."*

Folgende Frage drängt sich auf: „Wollen Verfechter der Marktwirtschaft den Auftrag *Lenins* selbst vollenden und durchführen?"

---

[218] Hier liegt Friedman meiner Meinung nach mit seinem eigenen Bekenntnis für die Marktwirtschaft im Widerspruch, siehe bspw. Friedmans Plädoyer gegen zentrale Planung, in Friedman, Milton: Zentrale Planung contra freies Unternehmertum; in: ders.: Es gibt nichts umsonst. München 1978, S. 187-202.

[219] Zitiert nach Eucken, Walter: Grundsätze der Wirtschaftspolitik. Tübingen 1952, S. 255.

IV. Währungskonkurrenz – Staatsgeld – Marktgeld

1) Praxis der heutigen Geldordnung

a) Der Stabilitätsgedanke

Die heutigen Geld- und Währungsordnungen sind organisiert als „Zentralbanksystem mit angeschlossen Teilreservebanken". Die Zentralbank ist regelmäßig als „lender of last resort" (Verleiher der letzten Zuflucht, auch: Kreditgeber der letzten Instanz) aufgestellt, um Liquiditätsengpässe des Bankenwesens auszugleichen. Als Geld fungiert in diesen Zentralbanksystemen reines Zeichen-/Kreditgeld, welches durch hoheitlichen Akt zu „Geld" ernannt wird.

Politisch-theoretische Begründungen für diese Organisationsform des Geldes werden je nach geldpolitischer Tageslage verkündet: Entweder keynesianisch oder monetaristisch, mitunter auch aus einem Gemisch dieser beiden, nebst älterer Theorieansätze[220].

Politiker und Zentralbankdirektoren verteidigen das Zentralbanksystem regelmäßig mit dem „Stabilitätsgedanken": Zum primären Zweck der Stabilität – geredet wird dabei über Geldwert-, Preisniveau- oder Währungsstabilität – wären die Zentralbanken vorrangig geschaffen worden[221].

---

[220] Ohne zu übertreiben lässt sich festhalten, dass die wirtschaftspolitischen Äußerungen der Politiker, insbesondere bei Geld- und Währungsfragen, meist wie ein Gemisch von Versatzstücken aus dem Keynesianismus, der Banking Schule und dem Monetarismus klingen. Dass so ein Cocktail wirtschaftspolitisch zu einem neuen Merkantilismus führt, dies merkte Nachold bereits 1994 an. Damals bezeichnete er die Wirtschaftspolitik der EG und ihrer Mitgliedstaaten als eine Art neo-merkantilistischen Politikmix eines sich verschärfenden EG-Protektionismus; Naschold, Frieder (1994): Das deutsche Wirtschaftsmodell auf dem Prüfstand; in: Wehling, Hans-Georg (Red.): Standort Deutschland. Stuttgart 1994, S. 86.

[221] Mitunter werden auch andere Gründe – die wahren Gründe (?) – für die Erschaffung des Zentralbanksystems in öffentlichen Anhörungen genannt. So sagte Paul Adolph Volcker, Alan Greenspans Vorgänger als Chef des FED-Systems, Anfang der 1980er Jahre bei einer Anhörung vor dem US-Senat, dass Zentralbanken nur gegründet worden sind, um im Notfall systemrelevante Banken mit dem Geld des Steuerzahlers vor dem Bankrott zu retten; zitiert nach Griffin, G. Edward: Die Kreatur von Jekyll Island. Rottenburg 2011, S. 82.

Einer dieser Vertreter der „Stabilität" ist *Helmut Schlesinger*[222], der bspw. 1988 im Vortrag „Vierzig Jahre Währungsreform" den Standpunkt der „Stabilitätsanhänger" vertrat[223].

Schlesinger wird hier als Beispiel des typischen Stabilisierers gezeigt. Seine Thesen, die seiner Meinung nach grundlegend für die Stabilitätspolitik einer reinen Papierwährung wie die D-Mark sind, lauten[224]:

✓ *These 1:*

Knappes Geld stellt die entscheidende Voraussetzung für eine Aufwärtsentwicklung der Volkswirtschaft dar.

Einen hervorragenden Überblick und glänzende Einführung für Nicht-Ökonomen zum „Zentralbanksystem nebst angeschlossenem Teilreserve-Bankenkartell", bietet Andreas Marquart: Crashkurs Geld. München 2019.

[222] Helmut Schlesinger (geb. 1924) war von 1952 bis 1993 für die deutsche Zentralbank tätig, ab 1980 als Vizepräsident der Deutschen Bundesbank und ab 1991 bis zur Pensionierung als Präsident der Deutschen Bundesbank.

[223] Schlesinger, Helmut: Vierzig Jahre Währungsreform; in Hampe, Peter (Hrsg.): Währungsreform und die Soziale Marktwirtschaft. München 1989, S. 15-25.

[224] Der Kern der Thesen wurde teilweise wörtlich zitiert; siehe Schlesinger, Helmut: Vierzig Jahre Währungsreform; in Hampe, Peter (Hrsg.): Währungsreform und die Soziale Marktwirtschaft. München 1989, S. 16-23.

✓ *These 2:*

Knappes, kaufkraftstabiles Geld sichert die marktwirt-schaftliche Wettbewerbsordnung und fördert die Stabilität einer sozialen Marktwirtschaft.

✓ *These 3:*

Die Unabhängigkeit einer Notenbank von jeglicher politischer Einflussnahme ist die Voraussetzung für die Sicherheit der Geldwertstabilität.

✓ *These 4:*

Die deutsche Notenbank ist kein „Papiertiger"; sie tritt durch ihre Geldpolitik konsequent für Preisstabilität ein. Dabei widersteht die Notenbank jedweder Politik eines „billigen Geldes".

✓ *These 5:*

Eine solide, auf Geldwertsicherung bedachte Politik hat die D-Mark zu einer international angesehenen Hartwährung gemacht.

✓ *These 6:*

Geldwertstabilität sichert den Fortbestand, bzw. erleichtert den Übergang zu freien und unreglementierten Märkten und fördert einen dauerhaften Wachstumsprozess.

- ✓ *These 7:*

  In einer freiheitlichen Wirtschaftsordnung (freie Kapital- und Güterströme), müssen Wechselkursanpassungen im Sinne der Geld- und Währungsstabilität möglich sein.

- ✓ *These 8:*

  Das Knapphalten des Geldes war seit der Währungsreform maßgebend für geldpolitisches Handeln. Seit 1975 hat die Bundesbank ihren Stabilisierungsauftrag durch die Bindung an knappe Geldmengenziele auch nach außen klar erkennbar werden lassen.

- ✓ *These 9:*

  In der künftigen EU muss es ein einheitlich geregeltes Zentralbanksystem geben. Dessen erste Aufgabe muss die Geldwertstabilität sein.

Was die Stabilisierung eigentlich ist, dies wird anhand der Thesen *Schlesingers* nicht so recht klar. Im Rahmen seiner Ausführungen zu den Geldmengenzielen wird aber deutlich, dass *Schlesinger* einen monetaristischen Ansatz vertrat.

Im Ergebnis kann man festhalten, dass *Schlesinger* die stabilitätsorientierte Bundesbankpolitik für erfolgreich hielt, obschon die Geldentwertung – diese misst er am Preisindex der Lebenshaltungskosten – im Durchschnitt bis 1988 bei 2,7% lag und die D-Mark somit bis 1988 rund 2/3 Kaufkraftverlust verzeichnete.

Schlesinger hielt dies für moderat. Die deutsche Notenbankpolitik sei im Kampf gegen die Inflation relativ erfolgreich gewesen und stellte den Stabilitätsanker in einem Umfeld von inflationären Valuten dar. Im Vergleich zu anderen Währungen war die D-Mark sicher weniger inflationär aufgebläht worden[225]. Nichtsdestotrotz: 2/3 Wertverlust der D-Mark innerhalb von 40 Jahren spricht nicht für die D-Mark als Wertspeicher. Außerdem betont *Schlesinger*, dass die Zinsen auf Sparbüchern durchschnittlich höher als 2,7% gewesen waren, so dass auch der kleine Sparer bescheidene Realzinsen verbucht habe[226].

Stimmt diese Rechnung *Schlesingers*? Nein! Betrachtet man ein Banksparbuch von 10.000 D-Mark, dann entfielen darauf – nach Ansicht von *Schlesinger* – bei 3% Sparbuch-Zinssatz 300 D-Mark an Zinsen, abzüglich der Geldentwertung von 2,7%, die 270 D-Mark entsprechen, würde – laut *Schlesinger* – eine bescheidene Realverzinsung von 30 D-Mark verbleiben. Dies ist unrichtig, denn der Sparer hatte und hat seine Einkünfte aus Sparzinsen zu versteuern.

Sieht man vereinfachend einmal von Freibeträgen und dergleichen ab, dann hätte ein Sparer, dessen individueller

---

[225] Siehe hierzu z. B. auch Bagus, Philipp: Die Tragödie des Euro. München 2011, S. 71ff.

[226] Schlesinger, Helmut: Vierzig Jahre Währungsreform; in Hampe, Peter (Hrsg.): Währungsreform und die Soziale Marktwirtschaft. München 1989, S. 15.

Steuersatz in jener Zeit bei 33,3% lag[227], 300 D-Mark versteuern müssen, also 100 D-Mark Steuern auf die Zinseinnahmen zahlen sollen; somit heißt die Gleichung:

---

[227] In jenen Zeiten, die Schlesinger anspricht, hatte Deutschland progressiv steigende Einkommensteuersätze, in der Spitze mit 56%, plus Substanzsteuern. Die progressive Kurve der Steuersätze wurde von der Politik stetig versteilt, so dass im unteren Bereich die Kurve als „Augenwischerei im Wahlkampfgetöse" flacher gehalten wurde, nur um diese nach jeder „wahlkampftaktischen Absenkung" steiler als zuvor anzuziehen.

Da die deutsche Wirtschafts- und Finanzpolitik grundsätzlich inflationäre Geldpolitik bedingte, versuchten die Gewerkschaften, die Inflationspolitik des Staates durch Steigerungen der Nominallöhne bei Tarifverhandlungen auszugleichen, mit der Folge, dass, weil die Nominaleinkommen besteuert werden, diese schon nach kurzer Zeit vermehrt in die steile Progression rutschten und somit der Politik real und nominal mehr an Steuereinnahmen erbrachten.

Folglich stieg trotz der bspw. hohen Steigerungen der Nominaleinkünfte in den 1970er Jahren, durch die kalte Steuerprogression das Realeinkommen nicht so an, wie dies durch die hohen Tarifabschlüsse den Menschen signalisiert worden war.

George Reisman illustrierte an einigen Beispielen, dass auch die Wirtschaftsrechnung für Unternehmen in der „Welt der Stabilisierer" stark verzerrt wird. So werden Illusionen bezüglich der Ertragslage und Gewinnaussichten geweckt, die real keineswegs gegeben sind. Siehe Reisman, George: Staat contra Wirtschaft. München 1982; Reisman verdeutlichte dies bspw. treffend auf S. 133 mittels einer simplen Beispielrechnung.

300 D-Mark Zinseinnahmen

./. 270 D-Mark Geldentwertung

./. 100 D-Mark Einkommensteuer auf Zinsen

= **-70 D-Mark** reales Einkommen aus Zinserträgen!

Schlesinger betonte, dass ab 1975 die Politik der Geldmengenziele den Unternehmen und den Gewerkschaften klare Signale setzte, auch und gerade für Tarifverhandlungen würden die Geldmengenziele Grenzen setzen. Dabei gibt selbst *Schlesinger* zu, dass die Geldmengenziele, die auf die große Geldmenge M^3 abzielten, nicht unbedingt einzuhalten waren[228].

Ähnliche „Stabilitätsgedanken" wie bei *Schlesinger* findet man bei etlichen Verteidiger des „Zentralbanksystems mit angeschlossen Teilreservebanken". Die sozialethischen Überlegungen der Sachverständigengruppe „Weltwirtschaft und Sozialethik" klingen kaum anders[229].

---

[228] Schlesinger, Helmut: Vierzig Jahre Währungsreform; in Hampe, Peter (Hrsg.): Währungsreform und die Soziale Marktwirtschaft. München 1989, S. 22ff.

[229] Sachverständigengruppe „Weltwirtschaft und Sozialethik": Gutes Geld für alle. Bonn 1991. Die Sachverständigengruppe formulierte das Papier normativ, trotzdem waren die Positionen ähnlich wie bei Schlesinger.

Auch bei *Alan Greenspan*, dem langjährigen Chef der Notenbank der USA, findet man derartige Äußerungen, bspw. die Möglichkeiten, eine Zeichengeldwährung – wie den US-Papier-dollar – durch eine Geldpolitik unter der Annahme stabil zu halten, als würde der klassische Goldstandard noch existieren[230].

---

[230] Siehe Paul, Ron: Befreit die Welt von der US-Notenbank! Rottenburg 2010, S. 74 und S. 76f.

In einem Aufsatz von Juli 1966 wurde von Greenspan der Goldstandard vehement verteidigt (Greenspan, Alan: Gold und wirtschaftliche Freiheit; https://www.goldseiten.de/artikel/96--Gold-und-wirtschaftliche-Freiheit-Alan-Greenspan.html?seite=1). Der spätere FED-Chef zerlegte in diesem Aufsatz die Politik der FED.

Larry Parks sprach am 19.04.1993 den damaligen FED-Chef Alan Greenspan auf jenen Aufsatz an. Greenspan antwortete, dass er absolut von der Richtigkeit der Argumente und Schlussfolgerungen jenes Aufsatzes überzeugt sei, siehe Greenspan, Alan: Gold und wirtschaftliche Freiheit; https://www.goldseiten.de/artikel/96—Gold-und-wirtschaftliche-Freiheit-Alan-Greenspan.html?seite=1.

Ebenso hatte Ron Paul den FED-Chef Greenspan Anfang des Jahr-tausends auf seinen ehemaligen Aufsatz angesprochen und gefragt, ob Greenspan aufgrund seiner Geldpolitik als FED-Chef, die den Gedankengängen des Aufsatzes widerspricht, jene Aussagen des Aufsatzes nicht zurücknehmen möchte. Greenspan gab zur Antwort, dass er kein Wort zurückzunehmen brauche, weil der Aufsatz nach wie vor in allen Punkten richtig sei. Siehe Paul, Ron: Befreit die Welt von der US-Notenbank! Rottenburg 2010, S. 73.

b) Kritik am Stabilitätsansatz

Hayek bemerkte 1931, dass sich unter dem Banner der Stabilität alle bewussten und unbewussten Anhänger des Inflationismus versammeln würden[231]. Schon in seiner Habilitationsschrift setzte sich *Hayek* mit den theoretischen Arbeiten auseinander, welche fälschlicherweise davon ausgehen, dass Realwirtschaft und Geldwesen in Ordnung sind, solange wie sich das durchschnittliche Preisniveau nicht ändert[232].

Mises merkte 1940 zu den Stabilisierungsideen an[233]:

> *„Die Vorstellungen, die der Forderung nach Stabilisierung zugrunde liegen, sind vom Anfang bis zum Ende unhaltbar*

---

[231] Siehe Hayek, Friedrich August von: Preise und Produktion. Wien 1976, (Reprint der 1. Auflage von 1931) S. VI.

[232] Siehe Hayek, Friedrich August von: Geldtheorie und Konjunkturtheorie. Wien und Leipzig 1929 (Reprint Salzburg 1976), S. 58-68, S. 104, Fußnote 1, S. 110 und S. 115. Auch bei einem durchschnittlichen stabilen Preisniveau werden, durch die Aktionen der Marktteilnehmer bei geänderten Konsumpräferenzen, die Preise schwanken und die Struktur der Preise – die Preiszusammensetzung – wird sich ändern. Der fixierte Blick auf ein – irgendwie festgelegtes – Preisniveau ist nicht hilfreich und verstellt den Blick auf die relevanten Prozesse. Siehe hierzu auch insbesondere Baader, Roland: Geld, Gold und Gottspieler. Gräfelfing 2005, 2. Auflage, Kapitel: Mythos „Preisniveau-Stabilität", S. 157-171.

[233] Mises, Ludwig von: Nationalökonomie. Theorie des Handelns und Wirtschaftens. München 1980, (Reprint der 1. Auflage von 1940), S. 208.

und widerspruchsvoll. Die Stabilität, die die Stabilisierung
sich zum Ziele setzt, ist ein leerer Begriff."

Als einer der Führer des Stabilitätsgedanken identifizierte *Mises*
den Ökonomen *Irving Fisher. Fisher* stelle dem Geld einen
Warenkorb gegenüber, in welchem die Hausfrau die Waren des
täglichen Bedarfs lege. Wenn heute für diesen Warenkorb ein
anderer Geldbetrag aufgewendet wird als gestern, dann habe
sich die Kaufkraft geändert[234];

„das Ziel der Stabilisierungspolitik wird darin erblickt, die
Unveränderlichkeit dieses Geldaufwandes zu gewährleisten.
Das Verfahren, das hier zur Messung der Geldwert-
veränderungen vorgeschlagen wird, wäre vortrefflich, wenn
die Hausfrau und ihr Haushalt als unveränderliche Wesen-
heiten angesehen werden könnten, wenn der Einkaufskorb der
Hausfrau immer die gleichen Waren und von jeder einzelnen
Ware die gleiche Menge enthalten würde, und wenn die
Bedeutung, die die Hausfrau dem Inhalt dieses Korbes beilegt,
stets unverändert bliebe"[235].

---

[234] Siehe Mises, Ludwig von: Nationalökonomie. Theorie des Handelns
und Wirtschaftens. München 1980, (Reprint der 1. Auflage von 1940),
S. 209.
[235] Siehe Mises, Ludwig von: Nationalökonomie. Theorie des Handelns
und Wirtschaftens. München 1980, (Reprint der 1. Auflage von 1940),
S. 209f.

Zusammenfassung der Kritik durch *Mises*[236]:

✓ Feste, unveränderliche Werte gibt es beim wirtschaftlichen Handeln nicht.

✓ Werte und Preise werden in Geld gemessen, sind aber veränderlich.

✓ Sowohl Geldpreise für Waren als auch die Kaufkraft des Geldes sind wandelbar.

✓ Die rechnerische Zusammenfassung der „Kaufgüter", um diese als Einheit dem Geld gegenüberzustellen, ist in allen Einzelannahmen zweifelhaft und angreifbar:

    ✗ Die Kaufgüter ändern sich in der Beschaffenheit.

    ✗ Die Zusammensetzung der Kaufgüter unterliegt einem ständigem Wechsel. Wenn sich die Konsumpräferenzen ändern, dann wird sich auch – als Folge von Angebot und Nachfrage – die Preisstruktur zwischen den Gütern ändern.

    Im Bild des „Warenkorbs" spiegelt sich jedoch dann ein längst überholtes Verbraucherverhalten.

    ✗ Die Güter, welche die Statistik einer „Gattung" zurechnet, sind nicht gleich, dokumentiert durch die Preisspannen der Waren einer „Gattung" am selben Ort und zur selben Zeit.

---

[236] Siehe Mises, Ludwig von: Nationalökonomie. Theorie des Handelns und Wirtschaftens. München 1980, (Reprint der 1. Auflage von 1940), S. 208ff.

× Die Beschränkung auf eine ganz bestimmte Auswahl von Gütern öffnet der Willkür und Manipulation Tor und Tür.

Für *Lechner*[237] fehlt die Begründung der Stabilität im wissenschaftlichen Sprachgebrauch: Stabilität, insbesondere als Gleichsetzung von Preisniveau- und Währungsstabilität, sei ein weißer Fleck in der geldtheoretischen Welt der Zeit nach *Keynes*.

Eine theoretische Begründung der Indexwährung gibt es – laut *Lechner* – nicht, sondern historische Versatzstücke aus Erfahrungen, welche als Preisniveau-Theorie dienen[238].

---

[237] Lechner, Hans H.: Währungspolitik. Berlin 1988, S. 248ff. Lechners Analyse zeigt die Naturalwirtschaft (beim Realgütertausch wird das Preisniveau ebenfalls schwanken, also nicht stabil sein) und danach den Gütertausch in der Geldwirtschaft aus postkeynesianischer Sicht (S. 249-352).

[238] Valuten, deren Wirtschaftspolitik scheinbar auf dem Dogma der Preisniveaustabilisierung beruhen, sind Indexwährungen, und genau das sind die meisten heutigen Währungen, Lechner, Hans H.: Währungspolitik. Berlin 1988, S. 250. In Anlehnung an die Ansicht von Machlup (siehe oben Fußnote 138) sind also die heutigen Valuten in der Regel „Geldverbesserer-Währungen".

Die Merkmale dieser Preisniveau-Theorie sind:[239]

- die tautologische Definition des Geldwerts als Kaufkraft,

- die Identifizierung von „Preisniveausteigerung" und „Inflation" sowie

- die Nichtrezeption der reichhaltigen vorkeynesianischen Geldwerttheorie, in der die begrenzte Eignung des Preisniveaus als Indikator währungspolitischer Fehlentwicklungen längst herausgearbeitet worden war.

---

[239] Entlehnt aus Lechner, Hans H.: Währungspolitik. Berlin 1988, S. 350, dort fasst Lechner seine Ergebnisse zusammen.

c) Reformen im System?

Reformvorschläge, die im System verhaftet bleiben, wollen grundsätzlich nur an Symptomen oder Phänomenen[240] der Geldordnung ansetzen. Beispiele hierfür lassen sich aus einem Vortrag von *Kurt Schiltknecht*[241] herausarbeiten.

Schiltknecht erläuterte, welche Maßnahmen regelmäßig von Wirtschaftspolitikern der Regierungen[242] gefordert werden[243]:

---

[240] Wie bspw. Andreas Tögel bzgl. der Äußerungen des damaligen französischen Staatspräsidenten Sarkozy kommentierte, wollte Sarkozy die „Phänomene" der Eurokrise bekämpfen und nicht die Ursachen und Wurzeln der Eurokrise. Tögel, Andreas: Scheingeld: Die Stunde der Zentralisten; https://ef-magazin.de/2011/08/19/3144-scheingeld-die-stunde-der-zentralisten.

[241] Kurt Schiltknecht, Ökonomieprofessor und Bankier, war Schüler und Mitarbeiter von Karl Brunner. Zehn Jahre war er in der Leitung der Schweizer Nationalbank tätig.

[242] Hülsmann nennt die angeblich so unorthodoxen geldpolitischen Interventionen der Regierenden in Krisenlagen „einen unorthodoxen Weg zur Knechtschaft", die staatliche Geldpolitik seit Keynes ist für Hülsmann der Weg in den Zwangsstaat, siehe Hülsmann, Jörg Guido: Wirtschaft und Ethik: Ein unorthodoxer Weg zur Knechtschaft; in: eigentümlich frei, Nr. 115, September 2011, S. 56.

[243] Entlehnt aus Schiltknecht, Kurt: Regulierungsprobleme auf den Finanzmärkten. VII. Gottfried-von-Haberler-Konferenz, Vaduz 2011, WORD-Manuskript.

- Eine effiziente Überwachung und Regulierung der Unternehmungen im Finanzbereich.

- Eine umfassende Überwachung der Finanzmärkte.

- Ein Schutz der Konsumenten und Investoren vor finanziellem Missbrauch.

- Die Schaffung von staatlichen Instrumenten zur Bekämpfung von Finanzkrisen.

- Der Ausbau internationaler Regulierungsstandards und die Verbesserung der internationalen Zusammenarbeit.

Das ist auch seit Ausbruch der Subprimekrise zu hören, von der Politik und auch von im Staatsdienst stehenden Volkswirten. *Schiltknecht* vermerkt, dass der Glaube an Regulierungen ungebrochen sei. Zugleich sei das Netz der Regulierungen von Krise zu Krise dichter geworden. Trotz dieses dichten Regulierungsnetzes würden Krisen immer häufiger und härter auftreten, und kaum jemand stelle die Frage: Warum greifen die Regulierungen nicht? Stattdessen würden nach noch mehr und vor allem engmaschigeren Regulierungen gerufen[244].

Dabei liegt die Frage doch nahe, ob es nicht gerade die vielen Regulierungen sind, welche die vermehrten Krisen hervorrufen

---

[244] Schiltknecht, Kurt: Regulierungsprobleme auf den Finanzmärkten. VII. Gottfried-von-Haberler-Konferenz, Vaduz 2011, WORD-Manuskript, S. 2f.

und verstärken! Und diese Frage ist eindeutig mit einem „Ja" zu beantworten! Die Politiker unterschätzen regelmäßig die Phantasie und die Kreativität der Marktteilnehmer, die versuchen werden, knebelnde Maßnahmen des Gesetzgebers legal auszuhebeln. Die Liste der Regulierungsmaßnahmen, die ihre Ziele verfehlten, die zu vermeintlich überraschenden[245], sogar die Ziele konterkarierenden Ergebnissen führten, ist lang[246].

Schiltknecht sieht gerade in den Finanzmarktregulierungen durch Basel I + II wesentliche Gründe für die Subprimekrise und der sich daran anschließenden Weltfinanzkrise. Basel I + II bestimmen, dass eine Bank z. B. ihre Wertpapiergeschäfte gestaffelt nach Risiko mit Eigenkapital zu unterlegen hat. Ein erfolgsabhängiges Banken-Management hatte zu reagieren[247]:

---

[245] Regulierungen sind nur ein anderer Ausdruck für Interventionen. Schon 1929 hatte von Mises die Zielverfehlung von interventionistischen Maßnahmen theoretisch klar analysiert, siehe Mises, Ludwig von: Kritik des Interventionismus. Darmstadt 1976, (Reprint der 1. Auflage von 1929), S. 1-41. Schöne Argumentationsmuster gegen Interventionen findet man auch bei Reisman, George: Staat contra Wirtschaft. München 1982.

[246] Schiltknecht, Kurt: Regulierungsprobleme auf den Finanzmärkten. VII. Gottfried-von-Haberler-Konferenz, Vaduz 2011, WORD-Manuskript, S. 4f.

[247] Siehe Schiltknecht, Kurt: Regulierungsprobleme auf den Finanzmärkten. VII. Gottfried-von-Haberler-Konferenz, Vaduz 2011, WORD-Manuskript, S. 4f.

- Je risikoärmer das Wertpapier ist, desto niedriger sind die Eigenkapitalanforderungen an die Bank.

- Für die Risikobeurteilung und -streuung wurden differenzierte Methoden entwickelt:

  ↻ Ratingagenturen wurden eingesetzt, welche auch auf Basis solcher Verfahren risikoarme Bewertungen vergaben.

  ↻ Laufend wurden neue Finanzprodukte kreiert, bspw. wurden Hypothekendarlehen als Wertpapiere mit niedrigem Risiko verbrieft, konnten am Markt platziert oder risikoarm gehalten werden.

- Die Bilanzsummen konnten somit – völlig konform mit den Regulierungen – ungeheuer ausgeweitet werden, so dass Großbanken nur noch auf Eigenkapitalquoten von 1,5% verpflichtet waren[248].

- Dadurch wurde der Trend zur Ausdehnung der Bankbilanzen bei gleichzeitigem Schrumpfen der Eigenkapitalquoten verstärkt.

---

[248] Schiltknecht merkt an, dass bereits Ende 1999 geschätzt wurde, dass rund 61% der Verpflichtungen der Bank- und Finanzinstitute der USA über implizite oder explizite Garantien des Staates verfügten. Folglich war der Schock sehr groß, als die Politik Lehman Brothers nicht rettete und zusammenbrechen ließ – kein „Too big to fail"; siehe Schiltknecht, Kurt: Regulierungsprobleme auf den Finanzmärkten. VII. Gottfried-von-Haberler-Konferenz, Vaduz 2011, WORD-Manuskript, S. 10.

Für *Schiltknecht* sind die Subprime- und die Weltfinanzkrise geradezu Musterbeispiele dafür, dass enge, dichte und scheinbar strenge Regulierungen das Gegenteil des gesteckten Ziels erreichen. Dabei ist die Politik jedoch uneinsichtig und maßt sich – ohne die Ursachen einer Krise zu analysieren – an, die Regulierungen noch weiter zu verdichten.

Erst solche Regulierungen wie Basel I + II, die auf der internationalen Ebene für den – mehr oder weniger – kompletten Bankensektor verbindlich waren, haben dafür gesorgt, dass international alle relevanten Banken in die gleiche Richtung agierten: Die international verbindlich geltenden Regulierungen schufen Verwerfungen, die in eine Weltfinanzkrise mündeten[249].

Zudem haben die Aktivitäten der Politik in der Subprime- und der Weltfinanzkrise den Glauben an die rettende öffentliche Hand enorm verstärkt, so dass systemische Banken aus Sicht der Märkte unter dem Schutz des Steuerzahlers stehen[250].

---

[249] Nicht nur Schiltknecht ordnet die angesprochenen Regulierungen in dieser Art und Weise ein, sondern auch die Autoren des Buches Hoffmann, Christian / Bessard, Pierre (Hrsg.): Aus Schaden klug? Zürich 2009.

[250] Siehe Schiltknecht, Kurt: Regulierungsprobleme auf den Finanzmärkten. VII. Gottfried-von-Haberler-Konferenz, Vaduz 2011, WORD-Manuskript, S. 12f.

Für *Schiltknecht* sind folgende Punkte wichtig, um zukünftige Krisen zu vermeiden, bzw. besser abzufedern[251]:

◆ Nur ein paar wichtige Eckpunkte der Regulierungen sollten international verbindlich sein. Details sind durch die Einzelstaaten mittels nationaler Diversifikation der Regulierungen selbst zu regeln.
  • Daraus folgt ein Standortwettbewerb zwischen den Staaten.
  • Das Systemrisiko wird abgesenkt, denn im internationalen Raum handeln die Banken nun nicht mehr gleich.

◆ Um dem „Too big to fail" entgegenzuwirken, ist eine höhere Eigenkapitalquote zwingend nötig.
  • Die Eigenkapitalquote hat unbedingt mit steigender Bilanzsumme progressiv zu wachsen,
  • damit die systemrelevanten Banken sicherer werden.
  • So würden die sozialen Kosten, die z. B. bei der Weltfinanzkrise der Steuerzahler trug, minimiert und abgesenkt.
  • Die Finanzlage der Banken ist dann solider,
  • und solidere Banken haben Wettbewerbsvorteile, auch wenn die Konditionen gegenüber den Konkurrenten teurer sein sollten.

---

[251] Siehe Schiltknecht, Kurt: Regulierungsprobleme auf den Finanzmärkten. VII. Gottfried-von-Haberler-Konferenz, Vaduz 2011, WORD-Manuskript, S. 13-24.

◆ Das Prinzip des „lender of last resort" der Notenbanken bleibt erhalten und wird verbessert:

- Die Liquidität der Banken ist durch Offenmarkt-operationen, durch Käufe und Verkäufe von Devisen, durch Wertpapierpensionsgeschäfte oder durch Diskont- und Lombardkredite zu steuern.

- Eine Notenbank legt die Konditionen der Liqui-ditätsbeschaffung der Banken verbindlich fest; also bspw. die Qualitäten der Papiere, die eine Bank bei der Noten-bank hinterlegen kann, um sich Liquidität zu besorgen.

- Solche Papiere können die Banken als „eiserne Liquidi-tätsreserve" halten, um plötzliche Abflüsse von Depositen auszugleichen.

- Die Übernahme risikoreicher und/oder wertloser Papiere durch die Notenbanken, wie dies durch die Weltfinanz-krise regelwidrig und umfangreich praktiziert wurde, ist zurückzunehmen. Denn das Bankenmanagement hatte schnell gelernt und die konservativen Liquiditäts-reserven abgesenkt, im Bewusstsein, die Notenbank werde im Ernstfall jedes Papier, sei es auch noch so wertlos, übernehmen und die Risiken sozialisieren.

- Über den Ankauf derartiger risikoreicher Papiere hat nicht die Notenbank zu entscheiden. Ein solches Verhalten darf in Krisenzeiten nur ausnahmsweise und nur durch die demokratisch legitimierte Politik per Mandat an die Notenbank gegeben werden.

- Es ist klar zu definieren, dass die Notenbanken bei „normalen Liquiditätsengpässen" nur diskont- und lombardfähige Papiere bei der Liquiditätsbeschaffung akzeptieren.
- Die Rahmenbedingungen der Notenbankpolitik sind klar zu definieren und zu kommunizieren, damit klar ersichtlich ist, unter welchen Bedingungen systemische Banken vor einem Zusammenbruch bewahrt werden können und wann nicht.

Daraus folgt, dass auch *Schiltknecht* nur an den Symptomen etwas verbessern möchte. Dies geht klar aus dem Vortrag hervor; das Prinzip des „lender of last resort" der Notenbanken für die angeschlossenen Teilreservebanksysteme[252] wird keineswegs in Frage gestellt[253]. Damit ist klar, dass *Schiltknecht* die originäre Wurzel der immer wiederkehrenden Bankenkrisen, nämlich das

---

[252] Schiltknecht beruft sich hier explizit auf die Zentralbankkonzeption von Walter Bagehot, ohne jedoch zu erwähnen, dass Bagehot ein Gegner von Zentralbanken war und ein Konzept des „lender of last resort" nur als einen Notbehelf ansah, der als erste Hilfe die durch die Politik verursachten Verwerfungen abmildern sollte; siehe Selgin, George: Zentralbanken als Ursache finanzieller Instabilität; in Altmiks, Peter (Hrsg.): Im Schatten der Finanzkrise. Muss das staatliche Zentralbankwesen abgeschafft werden? München 2010, S. 95f.

[253] Dies wurde auch während der Diskussion zu dem Vortrag, den Schiltknecht auf der VII. Internationalen Gottfried-von-Haberler-Konferenz am 20.05.2011 in Vaduz gehalten hatte, deutlich.

Teilreservebanksystem, das bspw. *Hayek* als das Problem an und für sich sieht[254], nicht reformieren möchte.

Die Ausblendung des Problems der Teilreservebanken ist bei der Mehrheit der derzeitigen Vertreter des ökonomischen Mainstreams – Monetaristen und Keynesianer – gegeben[255].

---

[254] Diesen Umstand behandelt Hayek schon ausführlich in seiner Habilitationsschrift, siehe Hayek, Friedrich August von: Geldtheorie und Konjunkturtheorie. Wien und Leipzig 1929 (Reprint Salzburg 1976), 4. Kapitel, S.75-113. Auf S. 80 vermerkt Hayek, dass solche Krisen unter der bestehenden Kreditorganisation immer wieder auftreten müssen, dies ist eine inhärente Tendenz der real existierenden Bankenorganisation.

[255] Für Andreas Tögel liegt dies daran, dass es keine staatsunabhängige Ökonomie gibt. Mit den Elite-Ökonomen, welche zum größten Teil für Banken, den Staat oder für staatsnahe Institutionen arbeiten, solle man Nachsicht üben, denn es gelte: „Wes Brot ich ess', des Lied ich sing'." Tögel, Andreas: Lindau: Stelldichein der Ökonomenelite; https://ef-magazin.de/2011/08/29/3158-lindau-stelldichein-der-oekonomenelite.

Rahim Taghizadegan notiert bspw., dass alleine die US-Notenbank (FED) mehr Volkswirte beschäftigt als die 50 größten universitären Wirtschaftsfakultäten, siehe Taghizadegan, Rahim: Das Versagen der Volkswirtschaftslehre; in: Hoffmann, Christian / Bessard, Pierre (Hrsg.): Aus Schaden klug? Zürich 2009, S. 101. Ähnliches vermerkt Philipp Bagus, siehe Bagus, Philipp: Die Tragödie des Euro. München 2011, S. 80 und besonders Anmerkung 106 auf S. 178, dort mit dem Hinweis, das in 2002 rund 74% der akademischen Schriften zur

Bestenfalls kann man festhalten, dass der Monetarist *Schiltknecht* für eine Art Währungskonkurrenz der verschiedenen staatlichen Monopol-Papierwährungen eintritt.

Hoffmann und *Köhler* machen in Anlehnung an Autoren wie *C. Borio*, *W. White* und *A. Weber* Vorschläge, wie das Zentralbankwesen kurzfristig[256] verbessert werden kann. Ihre Kritik richten sie vor allem an das Ein-Säulen-Modell der Zentralbankenpolitik (FED, EZB etc.), welche sich – seit Aufgabe der Politik der Geldmengenziele in den 1990er Jahren – nur an der Erwartung der Entwicklung der Konsumentenpreise orientiert. Diese einseitige Sicht blende die Kredit- und Vermögensaggregate aus und beachte dadurch von vornherein nicht die Möglichkeit der Blasenbildung – bspw. auf den Rohstoff- oder Immobilienmärkten.

Durch die jahrelange Niedrigzinspolitik der Zentralbanken sind die Finanzmärkte mit Liquidität geradezu geflutet worden.

Geldtheorie in Zeitschriften, welche die FED herausgibt, erschienen sind bzw. von bei der FED beschäftigten Ökonomen mitverfasst worden sind.

[256] Hoffmann, Andreas / Köhler, Ekkehard A.: Ursachen und ordnungspolitische Konsequenzen der Finanzkrise; in: Altmiks, Peter: Im Schatten der Finanzkrise. Muss das staatliche Zentralbankwesen abgeschafft werden? München 2010, S. 122ff. Langfristig plädieren die Autoren für die Änderung der derzeitigen Ordnung des monopolistischen, staatlichen Zwangsgeldordnung, S. 124ff.

Dadurch wurde die Bildung der Blasen auf den Vermögensmärkten (Aktien und Immobilien) nicht nur erst möglich, sondern geradezu vorsätzlich gefördert. Durch den Jackson Hole Consensus nehmen die Zentralbanker der USA und deren wirtschaftswissenschaftlichen Berater die Entstehung von Spekulationsblasen bei Vermögenswerten bewusst in Kauf, weil diese stimulierend wirkten und ein Platzen solcher Blasen volkswirtschaftlich schädlich sei[257]. Deshalb fordern *Hoffmann* und *Köhler*, dass mittelfristig die expansive Geld- und Fiskalpolitik beendet werden sollte und auch die Geldpolitik der Zentralbanken besser vorhersehbar sein müsse.

---

[257] Siehe Hoffmann, Andreas / Köhler, Ekkehard A.: Ursachen und ordnungspolitische Konsequenzen der Finanzkrise; in: Altmiks, Peter: Im Schatten der Finanzkrise. Muss das staatliche Zentralbankwesen abgeschafft werden? München 2010, S. 105. Der Wirtschaftsnobelpreisträger des Jahres 2009, Paul Krugman forderte z. B. am 02.08.2001 in der New York Times: „Um diese Rezession zu bekämpfen benötigt die FED mehr als eine Einzelaktion; sie benötigt rapide steigende Privatausgaben, um kränkelnde Geschäftsinvestitionen auszugleichen. Und dafür muss Alan Greenspan eine Immobilienblase erschaffen, um die Nasdaq-Blase zu ersetzen"; siehe: Janssen, Jörg: Nobelpreis an Paul Krugman: Gewohnt ins Klo gegriffen; https://ef-magazin.de/2008/10/13/742-nobelpreis-an-paul-krugman-gewohnt-ins-klo-gegriffen. Und Oliver Marc Hartwich kommentierte am 24.08.2011, dass der Nobelpreis an Paul Krugman ein peinlicher Nobelpreis sei; Hartwich, Oliver Marc: Ein peinlicher Nobelpreis; https://www.achgut.com/artikel/ein_peinlicher_nobelpreis.

Neben Vorschlägen wie die von *Schiltknecht* gibt es von interessierter Seite – Politik und Banken – Ideen, die Strukturen des Internationalen Währungsfonds (IWF) und der Weltbank zu einer Weltzentralbank auszubauen und umzugestalten. Eine derart neu geformte Weltzentralbank hätte dann die weltweite monetäre Basis – unter der wohlwollenden, flankierenden Begleitung der einflussreichsten und mächtigsten Regierungen – zu kontrollieren und zu steuern[258].

---

[258] Die alte Idee von Lord Keynes, der den „Bancor" auf der Konferenz von „Bretton Woods" als weltweites Zwangsgeld plante, schimmert hier durch. Eine Superplanungszentrale soll eingerichtet werden, die sich das Wissen anmaßen soll, die angebotene Geldmenge weltweit zu steuern. Für weitere Vorschläge, die das bestehende Zentralbankensystem, nebst Teilreservebankensystem verteidigen, verbessern und/oder korrigieren möchten, siehe bspw. Stark, Jürgen: Stabilität in der Europäischen Währungsunion; in: Altmiks, Peter: Die optimale Währung für Europa? München 2010, S. 31-46 und Congdon, Timothy: Kosten und Nutzen des Zentralbankwesens für die Gesellschaft; in: Altmiks, Peter: Die optimale Währung für Europa? München 2010, S. 47-94.

Fundamentalkritik an diesen Vorschlägen, insbesondere an den Ideen aus Weltbank und IWF eine Superweltbank zu formen, üben Salin, Pascal: Falsche Antworten auf die Krise; in: Hoffmann, Christian / Bessard, Pierre (Hrsg.): Aus Schaden klug? Zürich 2009, S. 121-127 und White, Lawrence H.: Reform der globalen Geldordnung: ein Plädoyer für ein freies internationales Bankenwesen; in: Altmiks, Peter: Im

2) Banken- und Währungskrisen

Geld-, Bank- und Währungskrisen suchten die Menschheit seit der Antike immer wieder heim. Zu den Ursachen solcher Krisen erklärte *Hayek* unmissverständlich:

> *„Die Geschichte des staatlichen Umgangs mit Geld ist, mit Ausnahme einiger kurzer glücklicher Perioden, eine Geschichte von unablässigem Lug und Trug. In dieser Hinsicht haben sich Regierungen als weit unmoralischer erwiesen, als es je eine privatrechtliche Körperschaft hätte sein können, die im Wettbewerb mit anderen eigene Arten von Geld auf den Markt bringt."*[259]

> *„Da nun die Regierung die Währungspolitik beherrscht, ist die größte Gefahr auf diesem Gebiet die Inflation. Überall und*

Schatten der Finanzkrise. Muss das staatliche Zentralbankwesen abgeschafft werden? München 2010, S. 35-66. Beide (Salin siehe S. 124 und White siehe S. 62f.) sind der Meinung, dass der IWF und die Weltbank schlichtweg eliminiert werden sollten, da beide Institutionen schon heute, bei ihren derzeitigen Aufgaben, nur versagen und irren. Die Fehler dieser beiden Institutionen als Weltzentralbank würden sicherlich die Fehler aller nationalen Zentralbanken weit in den Schatten stellen!

[259] Siehe Hayek, Friedrich August von: Die verhängnisvolle Anmaßung. Tübingen 1988, S.112.

zu allen Zeiten waren die Regierungen die Hauptursache der Geldentwertung."[260]

Das heutige staatliche Geldmonopol ist organisiert durch das Zentralbanksystem, nebst dem notwendigen Transmissionsriemen des Teilreservebankensystems.

Zum Teilreservebanksystem stellte *Wilhelm Röpke* fest:

„Die Bank ist daher eine Institution, die regelmäßig weniger zu halten braucht, als sie verspricht, und daher davon lebt, dass sie gleichzeitig mehr verspricht, als sie im Ernstfall halten kann."[261]

Und *Röpke* merkte weiter an, dass bei einer Bankenkrise, bei einem „Run" auf die Banken,

„das ganze kunstvolle System des stofflosen und nur auf Konvention und Vertrauen beruhenden Geldes plötzlich zusammenbricht"[262].

In der Geldgeschichte hat es eine Vielzahl von Bankenkrisen („Runs") gegeben, die *Huerta de Soto* in seinem Buch ‚Geld,

---

[260] Siehe Hayek, Friedrich August von: Die Verfassung der Freiheit. Tübingen 1982, 2. Auflage, S.413.

[261] Siehe Röpke, Wilhelm: Die Lehre von der Wirtschaft. Bern, 12. Auflage 1979, S. 130.

[262] Röpke, Wilhelm: Die Lehre von der Wirtschaft. Bern, 12. Auflage 1979, S. 130.

Bankkredit und Konjunkturzyklen'[263] aufgelistet und untersucht hat.

Huerta de Soto verortet das Grundübel aller Bankenkrisen in der vorsätzlichen Missachtung der Verfügungsrechte der Banksichteinlagen, also beim Umgang mit dem monetären Depositum irregulare. Bei einem Depositum irregulare übernimmt ein Lagerist die Aufbewahrung von Gütern. In einem Weizensilo bspw. lagern etliche Bauern ihre Weizenernte und der Depotbetreiber übernimmt die Verpflichtung der Bewachung und des Schutzes des deponierten Weizens. Der Bauer A, der z. B. 100 t Weizen im Silo lagert, hat jederzeitiges Verfügungsrecht über 100 t Weizen mit derselben Qualität, welche dem ursprünglich ins Silo angeliefertem und eingelagertem Weizen entspricht. Das Tantundem, also das Äquivalent der eingelagerten Ware, muss für den Deponenten jederzeit verfügbar sein[264].

Eine Sichteinlage Geldes bei einer Bank ist nichts anderes als ein solches Depositum irregulare. Auch hier übernimmt die Bank – als Lagerist – die Aufgabe, das Geld aufzubewahren und zu schützen: Hierfür erhält die Bank Gebühren.

---

[263] Siehe Huerta de Soto, Jesús: Geld, Bankkredit und Konjunkturzyklen. Stuttgart 2011, S. 25-53 und S. 333-355. Spanischer Originaltitel: „Dinero, Crédito Bancario y Ciclos Económicos".

[264] Zu den zugrunde liegenden Regeln des römischen Zivilrechts siehe Huerta de Soto, Jesús: Geld, Bankkredit und Konjunkturzyklen. Stuttgart 2011, S. 1-24.

Huerta de Soto zeigt die geschichtliche Entwicklung der Veruntreuung der Sichteinlagen durch die Banken; das Tantundem wurde nicht mehr zu 100% vorgehalten, sondern die Banken benutzten das Geld auf den Depositenkonten für eigene Zwecke. Zu Anfang geschah dies ohne ein besonderes Privileg durch die Herrschenden; die Bankiers waren einfach unehrlich und wurden in alten Zeiten hierfür auch mit dem Tode bestraft. Jedoch, weil Regierende oftmals in Geldnöten sind und von den Bankiers billige Kredite wünschten, wurde den Banken das Privileg zugestanden die Depositengelder nicht zu 100% vorzuhalten. Vielmehr brauchten die Banken nur noch einen *‚vernünftigen‛* Teil – da nicht alle Deponenten zur selben Zeit über die deponierten Gelder verfügen werden – als wahrscheinlich notwendige Barreserve zu halten. Im Laufe der Jahrhunderte wurde dieses Privileg der Teilreserve, die mehrfache Verfügungsgewalt über ein und dasselbe Gut – nämlich das eingelagerte Geld (Gold und Silber), gesetzlich verankert[265].

---

[265] Huerta de Soto zeigt, dass selbst brillante Juristen, die das Teilreserveprivileg zivilrechtlich begründen versuchten, dies logisch nicht schafften. Nur durch den Verwaltungsakt des öffentlichen Rechts ist das Privileg durchzusetzen. Auch die Umdeutung des Depositum irregulare in ein Depositum confessatum (ein als Sichteinlage verschleierter Kredit) zur Umgehung des mittelalterlichen Zinsverbots leistete dem Teilreservesystem erheblichen Vorschub; siehe Huerta de

Huerta de Soto thematisiert die frühen Verwerfungen, die durch solche Praktiken in der Antike entstanden sind, und schlägt über das Mittelalter den Bogen in die Neuzeit.

Dabei zeigte *Huerta de Soto* mit allen Beispielen, dass der damalige Wirtschaftsverlauf genau der „österreichischen Konjunkturtheorie" entspricht: Geldschöpfung ex nihilo durch Erhöhung der Kredite, ohne dass diesen reale Ersparnisse gegenüberstehen, mit dadurch künstlich stimulierten Boomphasen und schließlich scharfe Rezessionen mit Banken- und Firmenpleiten[266].

Soto, Jesús: Geld, Bankkredit und Konjunkturzyklen. Stuttgart 2011, S. 81-118.

Siehe auch Köhler, Michael: Humes Dilemma oder: „Geldschöpfung" der Banken als Vermögensverletzung. Berlin 2015. Der deutsche Rechtswissenschaftler Köhler zeigt, dass die Geldschöpfung ex nihilo der Geschäftsbanken ein systemisches Unrecht ist.

[266] Siehe Huerta de Soto, Jesús: Geld, Bankkredit und Konjunkturzyklen. Stuttgart 2011, S. S. 333-355. Wenn nicht anders vermerkt, so beziehen sich die folgenden Beispiele auf Darstellungen dieses Teil des Buches. Für die detaillierte Betrachtung der Banken- und Geldkrisen vor der industriellen Revolution verwies Huerta de Soto (S. 25-53) auf die wirtschaftsgeschichtlichen Arbeiten von Carlo M. Cipolla, auch wenn dieser kein Auge für die Ursachen der Krisen hat, so hatte er die Krisenverläufe doch sehr gut dokumentiert. Huerta de Soto selbst konzentrierte sich auf die neueren Krisen.

Die Panik von 1819[267]

In den USA versorgte vornehmlich die neu geschaffene Bank of United States die Wirtschaftssubjekte mit ungedeckten Banknoten und Krediten, die nicht durch Ersparnisse gedeckt waren. Andere Banken wirkten mit.

Die Folge war eine künstlich erzeugte Wirtschaftsausweitung, die erst endete, als jene Banknoten zur Einlösung vorgelegt wurden und die Kreditausweitung endete. Es folgte eine „Kreditverknappung" und eine ausgedehnte Depression. Investitionen wurde nicht zu Ende geführt und große Arbeitslosigkeit herrschte.

Die Krise von 1825

Diese weitgehend englische Krise wurde auch ausgelöst durch eine enorme Kreditausweitung für Investitionen in Eisenbahnen und in der Textilindustrie. Die Krise von 1825 erzeugte eine Depression, die erst 1832 endete.

Die Krise von 1847

Ab 1840 kam es in Großbritannien erneut zu Kreditausweitungen, die auch Frankreich und die USA einschlossen. Insbesondere gingen die Kredite an Eisenbahngesellschaften. Die Aktien dieser Gesellschaften waren gefragt und es entstand

---

[267] Für die eine detaillierte Analyse der Panik von 1819 siehe Rothbard, Murray Newton: The Panic of 1819. Auburn 2007, 3. Auflage.

eine spekulative Blase, deren Platzen 1846 in eine größere Wirtschaftskrise für Großbritannien mündete.

Trotz *Peel'scher Bankakte* von 1844 kam es zur Krise, und zwar, weil nur die Emissionen von Banknoten durch Gold gedeckt sein mussten, die Bankdepositen und Darlehen bei den Geschäftsbanken indes nicht. Die Krise führte zu erhöhter Arbeitslosigkeit und die Aktienkurse fielen, besonders die Eisenbahnaktien fielen ins Bodenlose.

Die Panik von 1857

Zwischen 1852 und 1857 finanzierte eine beträchtliche Kreditausweitung einen Aufschwung. Gewinne, Nominallöhne, Preise und Aktienkurse stiegen an, eine allgemeine Spekulation fand statt. Als Gewinnrückgänge in den konsumfernen Stufen und ansteigende Kosten sichtbar wurden, brach die Krise aus. Viele Banken stellten am Paniktag, dem 22. August 1857, in New York ihre Geschäftstätigkeit ein.

Die Krise von 1866

Die Kreditausdehnung begann 1861 durch englische, französische und spanische Banken. Die Ausdehnung trieb die Preise für Zwischengüter der Schlüsselindustrien geschwind nach oben. Es folgten spektakuläre Bankzusammenbrüche und eine Panik brach aus. Wie schon 1847 und 1857 wurde in Großbritannien die *Peel'sche Bankakte* außer Kraft gesetzt, um die Wirtschaft mit ungedeckten Banknoten liquide zu halten.

Frankreichs größte Investmentbank brach zusammen, eine Depression setze ein – Arbeitslosigkeit breitete sich aus.

Die Krise von 1873

Die Kreditexpansion der USA im Zuge des Sezessionskriegs dehnte sich auf Europa aus. Enorme Börsenspekulationen trieben die Wertpapierkurse. Zunächst kam es im Mai 1873 in Europa zur Krise[268] und im Folgejahr auch in den USA. Große amerikanische Banken brachen zusammen und eine schwere Depression folgte. Nur Frankreich blieb verschont, weil sich Frankreich der Kreditausweitung enthalten hatte.

Die Krise von 1882

Ab 1878 wurden in USA und Frankreich die Kredite kräftig ausgeweitet. In Frankreich kam es zu vielen Aktienemissionen, einem Arbeitsbeschaffungsprogramm und massiver Darlehensgewährung an die Industrie. Die Bank Union Generale brach 1882 zusammen und die Krise brach aus. Die Bank Crédit Lyonnais stand am Rande des Ruins. Über 400 Banken brachen in USA zusammen. Arbeitslosigkeit verbreitete sich über die kapitalintensiven Industriezweige.

---

[268] Am Beispiel der Donaumonarchie mit dem Wiener Zentrum beim großen Krach von 1873 zeigt Gregor Hochreiter die Ursachen und den Verlauf der Krise, siehe Hochreiter, Gregor: Krankes Geld – Kranke Welt. Gräfelfing 2010, S. 165-168.

Die Krise von 1890 bis 1892

Die ungedeckte Kreditexpansion erfolgte weltweit, Schwerpunkt war Südamerika. 1890 brach die Krise aus mit Unternehmens- und Börsenzusammenbrüchen. Arbeitslosigkeit und die sonstigen Nebenerscheinungen, die einer Krise folgen, traten auf.

Die Krise von 1907

Ab 1896 wurde erneut die Kreditausweitung (ex nihilo) angekurbelt. Die Krise brach 1907 aus und war für die USA sehr ernst, da dort sehr viele Banken zusammenbrachen[269].

---

[269] Die Panik wurde von Bruner und Carr dokumentiert und kommentiert, siehe Bruner, Robert F./Carr, Sean D.: Sturm an der Börse. Die Panik von 1907. Weinheim 2008.
Was die beiden Autoren in diesem Buch beschreiben, ist eigentlich eine mit empirischen Daten unterfütterte Story, die anhand eines Vorfalls aus der Wirtschaftsgeschichte exemplarisch die Konjunkturtheorie der „Wiener Schule der Volkswirtschaftslehre" fein illustriert. Die Autoren loben das private Krisenmanagement durch J. P. Morgan, das die Panik in den Griff bekam. Leider loben sie J. P. Morgan auch dafür, dass er aus der Panik gelernt hatte, um so einer der treibenden Kräfte zu sein, welche am 23.12.1913 die Gründung der Zentralbank der USA – zum Federal Reserve System – ermöglichten, das wieder Vertrauen schuf.
Jedoch, die Analysen der Vertreter der „Wiener Schule der Volkswirtschaftslehre" zeig(t)en, dass Vertrauen in die FED nicht gerechtfertigt ist. Gerade die Geldpolitik des Federal Reserve Systems war und ist

Die Krise von 1913

Der kreditfinanzierte Aufschwung nach 1907 verursachte 1913 die Krise. Durch den Ausbruch des Ersten Weltkriegs wurde diese Krise unterbrochen.

Nach 1913, also nach Gründung der FED, erhielten die Krisen eine neue Qualität. Für *Selgin*[270] wirken – mit Blick auf 100 Jahre FED-System und FED-Politik – Zentralbanken grundsätzlich destabilisierend, sie verlängerten, verschärften und erzeugten viele Krisen und Rezessionen.

---

maßgeblich für Krisen verantwortlich – so bspw. wenig später für die Weltwirtschaftskrise (1929).

[270] Siehe Selgin, George: Zentralbanken als Ursache finanzieller Instabilität; in: Altmiks, Peter (Hrsg.): Im Schatten der Finanzkrise. Muss das staatliche Zentralbankwesen abgeschafft werden? München 2010, S. 83-102.
Siehe auch Polleit, Thorsten / Prollius, Michael von: Geldreform: Vom schlechten Staatsgeld zum guten Marktgeld. Grevenbroich 2010, S. 119-130, dort wird anschaulich das Staatsgeld als Auslöser der Konjunkturkrisen dargestellt.

Die Krise von 1920[271]

Durch die Inflationierung der US-Geldmenge unter Präsident *Wilson* im Ersten Weltkrieg kam es 1920 zu einer Krise. Der neue Präsident *Warren G. Harding* vertraute auf die Marktwirtschaft und untersagte Interventionen der FED. Ergo bereinigten die Marktkräfte innerhalb weniger Monate die monetären Verwerfungen und die Rezession war schnell vorbei[272].

Die Krise von 1929 und die große Depression

Die sogenannten „Goldenen Zwanziger Jahre" waren gekennzeichnet durch viele technische Neuerungen, verbunden mit großen Produktivitätsfortschritten. Bei einem natürlichen Angebot des Geldes hätten in jenen Jahren die Preise für

---

[271] Siehe hierzu Baader, Roland: Geldsozialismus. Gräfelfing 2010, S. 26 und ebenfalls Zöller, Michael: Haben wir denn im Kapitalismus gelebt?;
https://www.faz.net/aktuell/feuilleton/debatten/kapitalismus/zukunft-des-kapitalismus-15-haben-wir-denn-im-kapitalismus-gelebt-1824 932.html.
[272] Roland Baader merkte an, dass heutzutage Politiker und Mainstream-Ökonomen diese Krise so gut wie nie erwähnen läge daran, weil der Krisenverlauf die Meinung dieser Personen absolut widerlege. Durch Nichtstun erreichte Präsident Harding mehr als aller Aktivismus heutiger Politik! Einen Aktivismus, den leider die so genannten Star-Ökonomen empfehlen. Baader, Roland: Geldsozialismus. Gräfelfing 2010, S. 26.

Dienstleistungen und Konsumgüter scharf fallen müssen, verbunden mit starken Reallohnzuwächsen.

Das war jedoch nicht der Fall, weil die FED und andere Zentralbanken die Geldmenge stark inflationierten. Offiziell dienten die FED-Programme der Geldwertstabilisierung. Star-Ökonomen wie *Irving Fisher* unterstützten wohlwollend diese Art der Politik[273]. Eigentlich organisierte die FED nur eine ungeheure, durch nichts gedeckte Kreditausweitung.

Durch die inflationierte Geldmenge fielen die Preise nicht und ebenso stiegen die Reallöhne dadurch nicht. Stattdessen nahm eine phantastische Börsenspekulation ihren Lauf; bspw. stiegen die Eisenbahnaktien zwischen 1922 und September 1929 von 189 Indexpunkten auf 446, die Kurse der Energielieferanten kletterten von 82 Punkten auf 375 Punkte[274] und der Kurs von „Radio Corporation of America", obwohl dieses Firma keine

---

[273] Ökonomen hingegen, die wie Felix Somary ab der Mitte der 1920er Jahre warnten, dass die FED-Politik des leichten Geldes eine Blase produziere, die zwangsläufig platzen müsse, wurden verspottet und verlacht; siehe o. V.: Felix Somary, der Kassandrarufer; https://www.wienerzeitung.at/nachrichten/wirtschaft/international/20 34249-Felix-Somary-der-Kassandrarufer.html.

[274] Siehe Baader, Roland: Geldsozialismus. Gräfelfing 2010, S. 71. Siehe auch Hochreiter, Gregor: Krankes Geld – Kranke Welt. Gräfelfing 2010, S. 181-186.

Dividende zahlte, stieg von 84 auf 410 Punkte[275]. Im Oktober 1929 platzte eine gigantische Blase; die Marktkräfte drängten auf eine Bereinigung der Verzerrungen.

Anstatt nun den Marktkräften – wie 1920 – freien Raum zur Bereinigung der Verwerfungen zu lassen, unterbanden und verhinderten zunächst Präsident *Hoover* und danach Präsident *Roosevelt* mit aller Gewalt, welcher einer Staatsmacht zur Verfügung steht, dass die Preise sanken, und taten alles, damit die Preise auf hohem Niveau verharrten[276]:

➜ Unter Präsident *Hoover* wurden die Einfuhrzölle massiv erhöht und damit die internationale Arbeitsteilung untergraben, weil die betroffenen Exportländer ebenfalls protektionistisch reagierten.

➜ Unter Präsident *Roosevelt* wurden die Maßnahmen gegen die Erholung der Wirtschaft verfeinert:

   ✗ etliche Steuern wurden erhöht,

   ✗ gesetzliche Mindest- und Höchstpreise wurden erlassen, ferner

   ✗ staatliche Kartellbildungen angetrieben,

---

[275] Siehe Hochreiter, Gregor: Krankes Geld – Kranke Welt. Gräfelfing 2010, S. 186.

[276] Siehe Hochreiter, Gregor: Krankes Geld – Kranke Welt. Gräfelfing 2010, S. 192.

* viele Arbeitsbeschaffungsprogramme umgesetzt und

* die staatlicherseits angeordnete Vernichtung von Lebens-
mitteln (Vernichtung von Ernten und Viehbeständen)
wurde durchgeführt, schließlich

* wurde privater Goldbesitz verboten.

Alle diese Maßnahmen sorgten dafür, dass die Krise zur großen
Depression wurde.

Die Politik des New Deal von Präsident *Roosevelt* musste jede
Volkswirtschaft in die Knie zwingen[277]; so gingen in der Phase
zwischen 1929 bis 1933[278] alleine 5.096 Banken zugrunde.

Bis heute hält sich, insbesondere durch die oben genannte
empirische Arbeit *Milton Friedmans* und *Anna Jacobson Schwartz*,
die populäre Sichtweise, dass die restriktive Geldpolitik der FED

---

[277] So die Analyse von Hans F. Sennholz; siehe Sennholz, Hans F.: The
Great Depression. The Freeman 1969; https://fee.org/articles/the-great-
depression/. Vgl. auch Reed, Lawrence W.: Great Myths of the Great
Depression. Midland 2012,
https://fee.org/media/16865/great_myths_of_the_great_depression_2016.pdf.
Siehe auch Baader, Roland: Geldsozialismus. Gräfelfing 2010, S. 75 u.
Hochreiter, Gregor: Krankes Geld – Kranke Welt. Gräfelfing 2010,
S. 191. Gregor Hochreiter nannte die Maßnahmen des New Deal einen
„bislang einmaligen Giftcocktail".
[278] Siehe Hochreiter, Gregor: Krankes Geld – Kranke Welt. Gräfelfing
2010, S. 186.

die Krise ausgelöst und dadurch die große Depression verursacht habe.

Robert P. Murphy widerlegte dies, indem er zeigte, dass die FED gleich nach dem Börsenkrach die Märkte mit Liquidität flutete und eine Niedrigst-Zins-Politik sondergleichen fuhr[279]. Mit den Mitteln der expansiven Geldpolitik, mit denen die FED die Krise erzeugt hatte, wollte die FED nunmehr die Krise bekämpfen – salopp gesprochen: Die FED wollte Feuer mit Benzin löschen.

Die Abwertung des Dollars von 20 US-Dollar je Feinunze Gold auf 35 US-Dollar je Feinunze Gold ist – so *Robert P. Murphy* – eine grandiose Bankrotterklärung der inflationistischen Politik der FED und der *Roosevelt-Regierung* gewesen[280].

Rezessionen nach Ende des 2. Weltkriegs

Die Zyklen nach dem Zweiten Weltkrieg sind durch die bewusste inflationäre Politik verursacht worden, die die Zentralbanken betrieben.

---

[279] Zitiert nach Baader, Roland: Geldsozialismus. Gräfelfing 2010, S. 69. Siehe auch die oben genannte Quelle in der Fußnote 211. Auch Gregor Hochreiters Sicht der Politik der FED und des New Deals liegt auf dieser Linie, vgl. Hochreiter, Gregor: Krankes Geld – Kranke Welt. Gräfelfing 2010, S. 190-197.

[280] Siehe Hochreiter, Gregor: Krankes Geld – Kranke Welt. Gräfelfing 2010, S. 192.

Keynesianische Ökonomen dominierten die Politik. So kam es, dass die expansive Geld- und Fiskalpolitik in den 1970er Jahren in eine schwere Rezession mündete – Stagflation genannt.

Dieses Ergebnis der expansiven Geld- und Fiskalpolitik war von den Ökonomen der „Wiener Schule der Volkswirtschaftslehre" längst erwartet worden. Ihre zeitliche Fehleinschätzung bzw. das verzögerte Eintreten beruhte darauf, dass die Zentralbanken den inflationären Prozess unter einem „Papiergeldstandard" zeitlich weitaus ausgedehnter betreiben können als bei einem Gold-standard.

Die Fortsetzung ab den 1980er Jahren:

Die *US-Sparkassenkrise* (Savings and Loan Crisis) *von 1981* – unter Präsident *Jimmy Carter* wurde die Haftung der amerikanischen Einlagensicherung (Federal Deposit Insurance Corporation, FDIC) von 70 % des Guthabens auf 100 % angehoben. Von den ca. 3.800 Sparkassen wiesen 1981 ca. 85 % Verluste aus.

Die Begrenzung der Verluste durch den FDIC, die Niedrig-zinspolitik der FED und steigende Immobilienpreise bereiteten den Boden für Moral Hazard[281]: Die Sparkassen betrieben sehr riskante Finanzierungsgeschäfte, wobei große Teile dieser Finanzierungen als Kreditverbriefungen verkauft wurden.

---

[281] Bei den Sparkassenmanager hieß es: Spielen wir 3 – 6 – 3 (leihe für 3%, verleihe für 6% und sei um 3 p. m. auf dem Golfplatz).

Als dann die Immobilienpreise einbrachen und die FED die Zinsen anhob, kollabierte das Geschäftsmodell (Risiken der Fristentransformation) der Sparkassen. Der Staat sprang als Retter ein. Diese Rettung kostete den US-Steuerzahlern etliche Milliarden US-Dollar[282].

Der *Schwarze Montag am 19. Oktober 1987* war eine Reaktion auf die Börsenhausse ab 1982. Bereits die leichte Anhebung des Leitzins durch die FED sorgte für Nervosität und die Kurse brachen ein. Daraus wurde der erste Börsenkrach des automatisch-elektronischen Handels: Die automatischen Verkaufsaufträge der computergesteuerten Verkaufs-programme sorgten für einen sich verstärkenden Börsen-abschwung[283].

---

[282] Der Staat gewährte den Sparkassen Kredit von 400 Milliarden US-Dollar, von diesen brauchten 124 Milliarden US-Dollar nicht zurückgezahlt werden. Die Schätzungen über die Kosten dieser Rettung liegen zwischen 150 – 200 Milliarden US-Dollar; siehe: Moerschen, Tobias: Die größte Pleitenserie erlebten US-Sparbanken; https://www.handelsblatt.com/archiv/sparkassen-krise-kostete-us-steuer zahler-160-mrd-die-groesste-pleitenserie-erlebten-us-sparbanken /2228692.html?ticket=ST-2554056-Z4Xc6wqlWVSSDeWVp1zN-ap1.
[283] Siehe Fehr, Benedikt: Der vollautomatische Börsenkrach; https://www.faz.net/aktuell/finanzen/fonds-mehr/historische-finanzkrisen-amerika-1987-der-vollautomatische-boersenkrach-1294646.html.

Die *Japankrise*, die im Jahr 1990[284] ausbrach, stürzte Japan in eine ökonomische Stagnation, die bis heute nicht überwunden wurde. Die Basis der Krise schuf Japans Zentralbank. Von 1982 bis 1987 senkte sie die Leitzinsen – bspw. den Diskontsatz von 5,5% auf 2,5% – und hielt die Leitzinsen bis 1989 auf diesem niedrigen Niveau. Kredite waren billig und flossen in den Aktien- und Immobilienmarkt, so dass sich dort Blasen bildeten.

Der japanische Aktienindex Nikkei stand 1982 bei rund 7.100, erreichte 1989 auf dem Höhepunkt des Booms 38.916, so dass die Aktien von NTT – Japans Telefongesellschaft – einen Kurswert aufwiesen, der höher war als alle an deutschen Börsen gehandelten deutschen Inlandsaktien zusammen.

Parallel waren die Immobilienpreise in phantastische Höhen geschossen. Der Preisindex der Immobilien stieg von 5.800 im Jahr 1980 auf 20.600 im Jahr 1989. Infolgedessen überstieg der Grundstückswert des kaiserlichen Palastes in Tokio den Wert des Grund und Bodens von Kalifornien, und der gesamte Grund und Boden Japans war viermal höher bewertet als der gesamte Grund und Boden der USA.

Japans Zentralbank änderte 1989 die Zinspolitik, innerhalb von fünfzehn Monaten wurde der oben genannte Leitzins von 2,5% auf 6% angehoben – Folge: Die Blase platzte, der Nikkei-Index

---

[284] Siehe die Leseprobe zu Emkow, Jana: Japan und die Wirtschaftskrisen; https://www.grin.com/document/143270.

brach innerhalb eines Jahres um über 40% ein. Erst im Jahr 2009 lag der Index wieder wie 1982 bei ca. 7.100. Durch aktive, keynesianisch inspirierte Konjunkturpolitik (schulden-finanzierte Konjunkturprogramme, Niedrigzinspolitik – auch mit realen Minuszinsen) versucht Japans Politik nunmehr seit gut dreißig Jahren, die Misere zu überwinden – erfolglos[285].

Die *Tequila-Krise (1994/1995)* ist der populäre Ausdruck für die Peso-Krise, die Mexiko 1994/1995 heimsuchte. Die mexikanische Regierung hatte den Peso an den US-Dollar gebunden und musste laufend intervenieren, um diese Bindung durchzuhalten.

Die Geldpolitik war expansiv (mit ca. 20% p. a.). Das Handels-bilanzdefizit war in 1994 relativ hoch. Die Versuche, Angebot und Nachfrage des Peso zu regulieren, misslangen, der Peso wurde um 13% abgewertet, die Dollar-Bindung aufgegeben und der Peso büßte rund 50% seines Werts ein[286].

---

[285] Das Beispiel Japans illustriert die „Austrian-Business-Cycle-Theory" sozusagen lehrbuchartig. Siehe Hochreiter, Gregor: Krankes Geld – Kranke Welt. Gräfelfing 2010, S. 169f.
Sollte jemand den Eindruck bekommen haben, dass diese überaus erfolglose japanische Geldpolitik in den Krisenjahren doch starke Ähnlichkeiten mit den Maßnahmen der EZB unter EZB-Präsident Draghi aufweist, so irrt dieser jemand nicht.
[286] Siehe Redaktion GOLDSEITEN.DE: Weshalb eine Währungskrise auf die andere folgt; https://www.goldseiten.de/artikel/3927--Weshalb-eine-Waehrungskrise-auf-die-andere-folgt.html.

Mit *Asienkrise* wird die Finanz-, Währungs- und Wirtschaftskrise Ostasiens *der Jahre 1997 und 1998* bezeichnet. Sie begann im März 1997 in Thailand. Thailand hatte den Baht an den US-Dollar gekoppelt. Der Baht verlor an Wert und viele Marktteilnehmer tauschten Baht gegen US-Dollar.

Als die thailändische Zentralbank vergeblich mit über 20 Milliarden US-Dollar gegen den Markt interveniert hatte, gab die thailändische Regierung den Kampf gegen die Realität auf.

Die Krise griff dann auf mehrere asiatische Staaten über, insbesondere auf viele der so genannten Tiger- und Pantherstaaten[287].

Als *Brasilienkrise* wird die brasilianische Finanzkrise von *1998/99* bezeichnet[288]. Die Ursachen sind originär in der Geld- und Finanzpolitik der brasilianischen Politik verankert. Der Real (im Plural Réis) war von 1690 bis 1942 die brasilianische Währung und wurde durch den Cruzeiro (Umtausch 1.000 : 1) abgelöst.

---

[287] Als Tigerstaaten (im englischen Sprachraum „Four Asian Tigers" oder auch „Asian four little Dragons" genannt) werden Taiwan, Singapur, Südkorea und Hongkong bezeichnet; Pantherstaaten werden Indonesien, Malaysia, Thailand und die Philippinen genannt; siehe Infoblatt des Klettverlags; https://www.klett.de/alias/1019131.

[288] Siehe Knedlik, Tobias: Der IWF und Währungskrisen – vom Krisenmanagement zur Prävention? Berichte aus dem Weltwirtschaftlichen Colloquium der Universität Bremen, Nr. 87, Februar 2004, PDF-Manuskript S. 24ff.

Bis 1994 erlebte Brasilien durch die Inflationspolitik der Regierungen sechs Währungsreformen In jener Zeit hatte Brasilien – nach offiziellen Angaben – monatliche Inflationsraten von 80%.

1994 wurde als neue Währung wieder ein Real[289] eingeführt, dessen Inflationsrate um die 2% im Jahresdurchschnitt lag. Der Real wurde fest an den US-Dollar gekoppelt. Wegen der defizitären brasilianischen Haushaltspolitik wertete dies den Real stetig auf. Folglich wurde gegen den Real spekuliert. Als dann der Bundesstaat Minas Gerais ankündigte, den Schuldendienst einzustellen, setzte die Flucht aus dem Real ein und die Zentralbank tätigte massive Ankäufe des Reals, um den künstlich hohen Kurs zu halten. Die Marktkräfte waren stärker und die Zentralbank gab im Januar 1999 die Verteidigung des überhöhten Realkurses auf. Danach brach der Kurs des Reals um gut 50% ein und Brasilien stürzte in eine Finanz- und Wirtschaftskrise.

---

[289] Der Umtauschsatz bei den Reformen betrug 1.000 : 1 (Real : Cruzeiro; Cruzeiro : Cruzeiro novo; Cruzeiro : Cruzado; Cruzado : Cruzado novo; Cruzado : Cruzeiro); und 1994 beim Umstieg auf den Real betrug der Tauschsatz 2.750 : 1; d. h., dass ein Real von 1994 den Wert von 2.750.000.000.000.000.000 (2,75 Trillionen) alte Réis aus 1942 spiegeln sollte. Siehe Deutsche Wikipedia (de.wikipedia.org): Artikel – Brasilianischer Real.

Scheinbar schwappte Brasiliens Krise auf Argentinien über und löste dort angeblich die *Argentinienkrise* (*1998/99 bis 2002/2005*) aus[290]. Doch auch in Argentinien waren die Ursachen der Krise durch die Wirtschaftspolitik hausgemacht. 1985 wurde die neue Währung Austral eingeführt, welche fest an den US-Dollar gekoppelt wurde, ebenso der Peso, welcher 1991 den Austral ablöste.

Da die Haushaltspolitik der Regierung keineswegs konsolidierend war und die Schulden stetig weiter stiegen, geriet Argentiniens Währung – genau wie zuvor die Währungen in Mexiko und Brasilien – unter Abwertungsdruck. Durch das Festhalten am Wechselkurs litt die Wettbewerbsfähigkeit der argentinischen Wirtschaft. Argentinien rutschte in eine Rezession und erhielt vom IWF Milliardenkredite.

Gerüchte, dass der IWF seine Kredite gekündigt hätte, führten 2001 zu einer Banken- und Vertrauenskrise. Zunächst wurde die Währung um 29% abgewertet und schließlich zur Gänze freigegeben. Die Märkte werteten den Peso um 74% ab. Ab 2003 erholte sich der Peso wieder, nunmehr intervenierte die argentinische Zentralbank gegen die Aufwertung des Pesos.

Als die *Dotcom-Blase* (auch *Nasdaq-Blase* genannt) im Jahre *2000* platzte, ging bspw. in Deutschland eine gut zweijährige

---

[290] Siehe Uni-Protokolle (http://www.uni-protokolle.de/Lexikon): Artikel – Argentinienkrise.

Lotterieparty zu Ende, die bis ins Frühjahr 2000 eigentlich nur Gewinner kannte.

Auslöser der Blasenbildung waren die hohen Gewinnerwartungen der so genannten „New Economy" (Internet, Mobiltelefon, Computer). Diese Erwartungen heizten eine ungeheure Spekulation an, so dass im Februar 2000 ein Konzern der „Old Economy" wie Thyssen-Krupp mit 32 Milliarden Euro Jahresumsatz und die Filmrechtehandelsfirma EM.TV mit einem Umsatz von 320 Millionen Euro den gleichen Börsenwert von 14 Milliarden Euro aufwiesen.

Als sich die Erwartungen nicht erfüllten und auch fingierte Zahlen veröffentlicht worden waren, platzte die Blase und die Aktien der „New Economy" fielen ins Bodenlose. Beispielsweise wurden Infineon-Aktien für 35 Euro gezeichnet und kletterten am Ausgabetag auf 85 Euro. Der Aktienkurs fiel beim Platzen der Blase rasch und pendelte einige Zeit um die 5 Euro, bis er sich wieder etwas erholte[291].

---

[291] Siehe Mohr, Daniel: Vom Tellerwäscher zum Milliardär und wieder zurück, in: FAZ vom 17.04.2008;
https://www.faz.net/aktuell/finanzen/fonds-mehr/historische-finanzkrisen-deutschland-2000-vom-tellerwaescher-zum-milliardaer-und-wieder-zurueck-1283630.html.

Das Platzen der Dotcom-Blase war der Startschuss für die Geldpolitik, welche die – ab *2007* herrschende – *Finanz- und Wirtschaftskrise* überhaupt erst ermöglichte.

Durch das Platzen der Dotcom-Blase standen die Zeichen auf Rezession. Um eine solche zu verhindern, forderten insbesondere Starökonomen wie *Paul Krugman*[292] von *Alan Greenspan*, dem FED-Chef, eine Niedrigzinspolitik, damit im Immobilienbereich eine neue Blase erzeugt werde.

Mit dem *Community Reinvestment Act* (CRA) von 1977 wollte der US-Kongress Banken dazu verpflichten, Darlehen zum Immobilienerwerb auch an „sozial Schwache" zu vergeben – jedem Amerikaner sein Eigenheim. Da die Banken sich scheuten

---

[292] Siehe hierzu auch die Bemerkungen und Quellen in Fußnote 257. Jörg Janssen hat die Entstehung, den Weg und die Krise akkurat beschrieben: Janssen, Jörg: Der Weg zur Finanzkrise, Teil 1 bis Teil 6, plus einer Chronik als Anhang. Siehe die entsprechenden Artikel von Jörg Janssen auf „ef-magazin.de": https://ef-magazin.de/autor/joerg-janssen/. Die Finanzkrise weitete sich in der EURO-Zone zur Währungskrise aus. Um das politische Prestigeobjekt „Euro" zu retten, wurden brachen die Politiker EURO-Zone im Kollektiv die „Europäischen Verträge". Christine Lagarde, damals französische Finanzministerin und heute EZB-Chefin, gab dies auch unumwunden zu: „Wir mussten die Verträge brechen, um den EURO zu retten." Siehe Starbatty, Joachim: Über Macht und Rechtsmissbrauch – das Beispiel der Europäischen Währungsunion. VIII. Gottfried-von-Haberler-Konferenz, Vaduz 2012, PDF-Manuskript, S. 1.

riskante Darlehen zu vergeben, wurde der CRA 1995 verschärft. So konnte bspw. einer renitenten Bank mit der Antidiskriminierungskeule gedroht werden.

Die halbstaatlichen Immobilienfinanzierer Fannie Mae und Freddie Mac, die mit vielen staatlichen Privilegien und Garantien ausgestattet waren, sollten ausdrücklich das Ziel verfolgen, dass Bonitätsschwache („low-to-moderate-income") zu günstigen Konditionen Darlehen für den Eigenheimerwerb bekommen[293]. Fannie Mae und Freddie Mac waren mittels der staatlichen Privilegien und Garantien sehr erfolgreich, und die Liquiditätsschwemme der FED leistete ebenfalls einen unabdingbaren Teil zur Kreditschöpfung der Banken (ex nihilo):

✗ Beide Institute vergaben selbst Kredite.

✗ Beide Institute kauften die Eigenheimdarlehen anderer Banken auf.

✗ Dadurch hatten diese weiteren Spielraum für zusätzliche Immobilienkredite.

➔ Fannie Mae und Freddie Mac verpackten, wie die übrigen US-Immobilienfinanzierer auch, diese Darlehen zu Bündel,

---

[293] Die „Ninja-Kredite" waren kreiert: Ninja steht für „No income, no job, no asset", was so viel bedeutet wie: „Kein Einkommen, keine Arbeit, kein Besitz". Die politische Kaste hat den sog. „Subprime-Markt" selbst geschaffen – kein gieriger Bankmanager, sondern die „lieben Onkels" und die „guten Tanten" aus der Politik.

die dann verbrieft und als Zertifikate weiterverkauft wurden.

→ Kaufinteressenten fanden sich rund um den Globus. Das Ausfallrisiko der Immobilienkredite, das durch die US-Politik per Gesetz verschärft und erhöht worden war, verteilten die US-Immobilienfinanzierer somit auf den Rest der Welt[294].

Seit Ausbruch der Finanzkrise (2007/2008) versuchen die Regierungen und ihre Zentralbanken, der Krise Herr zu werden, und zwar mit den Mitteln der expansiven Geld- und Ausgaben-politik (Konjunkturprogramme, Niedrigst-Zinspolitik, Rettungsschirme für Banken und Währungen). Erneut wird mit den Instrumenten, welche die Krise erst geschaffen haben, die

---

[294] Wie Frank Schäffler zeigte, trägt z. B. Peer Steinbrück maßgeblich Schuld daran, dass die deutschen Landesbanken solche Zertifikate für 427 Milliarden Euro kaufen konnten. Denn die Staatsgarantien für Landesbanken sind auf Betreiben Steinbrücks von der EU verlängert worden. Vgl. Schäffler, Frank: Landesbanken-Pleiten: Peer Steinbrück war maßgeblich am Desaster beteiligt; https://ef-magazin.de/2009/06/19/1289-landesbanken-pleiten-peer--steinbrueck-war-massgeblich-am-desaster-beteiligt.
Die amerikanischen Bankmanager haben nur rational gehandelt: Die Politik zwang die Banken dazu, Kredite an „Ninjas" zu vergeben. Ergo wurden Möglichkeiten gesucht, die Risiken für das eigene Institut zu minimieren, d.h. solche Kredite wurden gebündelt und als Wertpapiere an naive Abnehmer verkauft.

Krise bekämpft: Damit hat die Politik den Grund für die nächste Krise schon gelegt.

Anhand der kurzen Beschreibungen der Krisen ab 1929 ist zu erkennen, dass die Zentralbanken keineswegs Krisen verhindern, vielmehr wirken Zentralbanken maßgeblich an der Entstehung der Krisen mit. Somit ist *Selgin* zuzustimmen[295], dass Zentralbanken grundsätzlich destabilisierend auf den Finanzmärkten agieren[296].

Ein Argument pro Zentralbank in ökonomischen Standardlehrbüchern ist regelmäßig die Preisniveau-/ Geldwertstabilität, für welche die Zentralbanken durch ihre Politik die Sorge tragen.

Nun, angeblich war die Deutsche Bundesbank der Stabilitätsanker unter den Zentralbanken. In Sachen Stabilität war die Bundesbank jedoch dermaßen erfolglos, dass die D-Mark bei Einführung des Euro nur noch 5% ihres Wertes von 1950 verzeichnete[297].

---

[295] Siehe Fußnote 258, letzter Absatz (Fundamentalkritik).

[296] Siehe Selgin, George: Zentralbanken als Ursache finanzieller Instabilität; in Altmiks, Peter (Hrsg.): Im Schatten der Finanzkrise. Muss das staatliche Zentralbankwesen abgeschafft werden? München 2010, S. 83-102. Der gleichen Ansicht ist Hülsmann, Jörg Guido: Das Scheingeldexperiment; in: Smart Investor, Sonderausgabe September 2011, S. 10-13.

[297] Siehe Baader, Roland: Geld, Gold und Gottspieler. Gräfelfing 2005, 2. Auflage, S. 5.

Eine der ersten Maßnahmen der 1913/14 gegründeten FED, die unter anderem auch mit dem Auftrag betraut wurde, für eine stabile Kaufkraft des Dollars zu sorgen, war die Herabsetzung der Mindestreservepflicht der Banken (1913 von 21,1% auf 11,6% und 1917 auf 9,8%). Die umlaufenden Gold Certifikates, die zu 100% mit Gold unterlegt waren, wurden direkt nach FED-Gründung eingezogen. Die FED ersetzte diese durch Federal Reserve Notes, die nur zu 40% durch Gold gedeckt sein mussten. Folglich verdoppelte sich die Geldmenge in den USA bis Ende 1919. Eine Verdopplung der Geldmenge dient gewiss nicht der Kaufkraftstabilität[298]. Von 1913/14 bis 2010 hat die FED durch ihre Politik dafür gesorgt, dass der Dollar von 1913 weit mehr als 95% seines Wertes verloren hat[299].

Die Geldpolitik wird seit Jahrzehnten dominiert von den keynesianisch und/oder den monetaristisch inspirierten Zentralbanken. Ohne derartige Zentralbanken wären die 50 Hyperinflationen des 20. Jahrhunderts kaum möglich gewesen[300]. Deshalb hat der Privatbankier *Ferdinand Lips* (1931-2005) die Gründung der FED im Jahre 1913, als mächtigster und einfluss-

---

[298] Siehe Polleit, Thorsten / Prollius, Michael von: Geldreform. Grevenbroich 2010, S. 96.

[299] Siehe Laer, Wolf von: Probleme des etablierten Notenbankensystems – Free Banking als Alternative? Berlin 2010, S. 24f.

[300] Siehe Baader, Roland: Geld, Gold und Gottspieler. Gräfelfing 2005, 2. Auflage, S. 5.

reichster Zentralbank der Welt, das größte Unglück in der Menschheitsgeschichte genannt[301]. Und zum heutigen Staatsgeldsystem – Zentralbankwesen, mit angeschlossenem Teilreservebankensystem – hat *Lips* einmal gesagt[302]:

> *„Zum ersten Mal in der Geschichte ist alles Geld der Welt von nichts gedeckt. Das ist das übelste System, das je von Menschenhand erfunden wurde."*

---

[301] Zitiert nach Baader, Roland: Zeitenwende; in: Baader, Roland: Markt oder Befehl. Grevenbroich 2007, S. 324.
[302] Zitiert nach Baader, Roland: Geldsozialismus. Gräfelfing 2010 S. 6.

3) Alternativen zur heutigen Geldordnung

Man findet verschiedene Meinungen zu der Frage, welche Geldordnung den besten alternativen Weg darstellt:

➔ Unter denjenigen, die das staatliche Geld- und Währungs-monopol nicht in Frage stellen[303], findet man Anhänger der Währungskonkurrenz und der Geldwert-/Preisniveau-stabilität sowie Anhänger einer Art klassischen Gold-standards.

---

[303] Wolfram Engels merkte an, dass eine übergroße Mehrheit der Ökonomen die Frage, ob der Staat als Automobilproduzent oder als Bierbrauer agieren solle, als Antwort ein „Nein" erteilen wird. So etwas gehöre in Privathand. Stelle man jedoch die Frage, ob Private die Geldproduktion übernehmen sollten, dann lehnen die gleichen Ökonomen dies standardmäßig wiederum mehrheitlich ab, trotz aller Lippenbekenntnisse zum freien Markt; siehe Engels, Wolfram: Der Kapitalismus und seine Krisen. 2. Auflage, Düsseldorf 1997, S. 101.
So mahnte bspw. schon Röpke vor Jahrzehnten vor der Mentalität der staatlichen Geldpolitiker: „Nicht minder als die Kabinettsjustiz ist die Kabinettspolitik des Geldes zu fürchten. Die internationale Geld-geschichte unserer Generation ist Beweis genug dafür." Trotzdem blieben Röpkes Vorstellungen letztlich im etatistischen Zentral-banksystem gefangen, siehe Röpke, Wilhelm: Der Platz der Zentralbank; in: Albert Hunold (Hrsg.): Gegen die Brandung. Erlenbach-Zürich 1959, S. 282-286.

➤ Daneben treten Autoren auf, die die „Entnationalisierung des Geldes"[304] einfordern, weil die Politik das Geld-/ Währungsmonopol immer und überall zum Schaden der Bürger missbrauche.

Diese Autoren plädieren bspw. für „Free Banking", dabei können zwei Lager unterschieden werden:

✗ Verfechter für eine 100%ige Reservepflicht auf Bankdepositen jedweder Art;

✗ Vertreter eines Teilreservebanksystems ohne die Zentralbank als „lender of last resort".

a) Von 100%-Staatsgeld und Vollgeld

Diese Idee geht unter anderem auf *Irving Fisher*[305] zurück. Durch die Erfahrungen von 1929 und den Folgejahren wurde 1933 von der älteren Chicagoer Schule ein Positionspapier verfasst, welches Gedanken von *Ludwig von Mises* aufgriff, um die

---

[304] So der deutsche Titel des 1976 erschienen Buches ‚Denationalisation of Money'; Hayek, Friedrich August von: Entnationalisierung des Geldes. Tübingen 1977.

[305] Siehe Berking, Kristof: Scheingeld ohne Zinsen und Inflation; in: Smart Investor, Sonderausgabe September 2011, S. 52 und Buhrs, Hendrik: Ökonomen der Krise. Irving Fisher: Kreislauf des Grauens; https://www.wiwo.de/politik/konjunktur/oekonomen-der-krise-irving-fisher-kreislauf-des-grauens/5141092.html.

Geld-/Kreditschöpfung ex nihilo der Geschäftsbanken zu unterbinden[306].

Die Positionen des Papiers von 1933 entwickelten Mitglieder der Chicagoer Schule weiter. Diese Vorschläge wurden dann 1935 durch *Irving Fisher* in seinem Buch ‚100 Percent Money' gesammelt und verarbeitet[307].

Im Zentrum dieser Vorschläge stehen die institutionell-rechtlichen Beschränkungen, die den Geschäftsbanken die Möglichkeit nehmen, die Kreditschöpfung ex nihilo auf Bankdepositen zu betreiben. Alle Bankdepositen der Geschäftsbanken sollen zu 100% bei der Zentralbank als Mindestreserve gehalten werden. Die Kreditvergabe der Geschäftsbanken würde sich dann auf die angesammelten Ersparnisse

---

[306] Siehe Huerta de Soto, Jesús: Geld, Bankkredit und Konjunkturzyklen. Stuttgart 2011, S. 511ff., Huerta de Soto (S. 511) nennt als Autoren von „Banking and Currency Reform" von 1933 Henry C. Simmons, Loyd W. Mints, Aaron Director, Frank H. Knight, Henry Schultz, Paul H. Douglas und Albert G. Hart.

[307] Huerta de Soto nannte die Arbeiten von Henry C. Simons, Fritz Lehmann, Frank D. Graham und Albert G. Hart, der die Idee der 100%-Reserve explizit Ludwig von Mises zuordnet. Nach dem 2. Weltkrieg wurden die Arbeiten am Projekt 100%-Reserve fortgeführt, bspw. von Milton Friedman mit „A Program for Monetary Stability" von 1959. Friedman schlug die Verzinsung der Mindestreserven durch die Zentralbank vor. Siehe Huerta de Soto, Jesús: Geld, Bankkredit und Konjunkturzyklen. Stuttgart 2011, S. 511f.

beschränken müssen. Die Giralgeldschöpfung wäre ausge-schlossen, weil das Depositengeschäft dann reine Lager-verwaltung ist[308].

Das Monopol der Geldschöpfung liegt dann allein beim Staat bzw. bei seiner Zentralbank. Diese soll die Geldmenge nur richtig steuern und dosieren. Folglich würden Krisen vermieden werden.

Heutzutage wird dieser Ansatz in Deutschland von dem Soziologieprofessor *Joseph Huber* unter dem Stichwort „Vollgeld" verfochten. Nur eine unabhängige öffentliche Stelle soll ausschließlich Geld – auch Giralgeld – schöpfen dürfen, da Geld ein öffentliches Gut sei. *Bernd Senf*, ein Mitstreiter *Hubers*, hat hierfür „den genialen Begriff ‚Moneative' ersonnen"; neben den drei Gewalten – Legislative, Exekutive, Judikative – soll eine vierte Gewalt treten, die ausschließlich die Geldemission verantwortet[309].

---

[308] Für Berking ist es erstaunlich, dass Irving Fisher so lange brauchte, um zu erkennen, dass die Banken auf mageren Bargeldreserven eine auf dem Kopf stehende Pyramide von Krediten aufbauen, da diese Zusammenhänge durch die „Wiener Schule der Ökonomie" längst publiziert waren. Siehe Berking, Kristof: Scheingeld ohne Zinsen und Inflation; in: Smart Investor, Sonderausgabe September 2011, S. 52.
[309] Siehe Berking, Kristof: Scheingeld ohne Zinsen und Inflation; in: Smart Investor, Sonderausgabe September 2011, S. 52. Zu dem Buch

Zunächst stellt sich die Frage, ob Geld ein öffentliches Gut ist. Üblich ist es in der Literatur, bei der Definition des öffentlichen Gutes den Abgrenzungen von *Musgrave* zu folgen[310]:

✗ Nichtanwendbarkeit des Ausschlussprinzips – die Nutzung des Gutes ist unabhängig vom Entgelt, niemand kann von der Nutzung ausgeschlossen werden.

✗ Nichtrivalisierender Konsum – der Nutzen, den die Nutzer des öffentlichen Gutes durch die Nutzung erhalten, ist unabhängig von der Anzahl der Menschen, die das öffentliche Gut nutzen.

⇨ Ein öffentliches Gut soll deshalb vom Staat bereitgestellt werden.

Die oben genannte Behauptung der Vollgeldvertreter, dass das Geld ein öffentliches Gut ist, scheint nicht sinnvoll. Der Grenznutzen des Geldes nimmt bei Nutzung des Geldes ab[311].

„Geldschöpfung in öffentlicher Hand" von Joseph Huber und James Robertson siehe auch die Besprechungen von Creutz, Helmut: Geldschöpfung in öffentlicher Hand; in: Zeitschrift für Sozialökonomie, April 2011, S. 24-39 und Löhr, Dirk: Von Vollgeld, Freigeld und Assetpreisinflationen; in: Zeitschrift für Sozialökonomie, April 2011, S. 40-54.

[310] Vgl. Musgrave, Richard A.: Finanztheorie. Tübingen, 2. Auflage 1982, S. 6-19.

[311] Dies zeigt Laer an einem einfachen Beispiel, siehe Laer, Wolf von: Probleme des etablierten Notenbankensystems – Free Banking als Alternative? Berlin 2010, S. 91f. und Fußnote 37 auf S. 91.

Weiter ist es eine reine private Entscheidung, welche Güterkombination – dazu zählt auch Geld – ein Wirtschaftssubjekt als Wertspeicher im Portfolio hält. Das Portfolio „Wertspeicher" enthält nur private Güter: Damit ist es offensichtlich, dass das Geld ein privates Gut ist[312]. Geld ist kein öffentliches Gut[313].

Für *Huerta des Soto* ist es naiv, wenn die Chicago Schule und andere glauben, dass die Regierungen willens sind, unter allen

---

[312] Siehe Seiche, Florian: Währungskonkurrenz und Notenbankfreiheit. Marburg 1997, S. 53f. Milton Friedman zeigt den sinkenden Grenznutzen des Geldes im Rahmen seines Portfolioansatzes – siehe oben beim Gliederungspunkt „Monetarismus" die Ausführungen zu den Portfoliothesen Friedmans.

[313] Ausführlich diskutieren z. B. Schulz, Seiche und Terres die Frage, ob Geld ein reines öffentliches Gut ist; siehe Schulz, Karsten: Digitales Geld. Düsseldorf 2000, S. 76-86; Seiche, Florian: Währungskonkurrenz und Notenbankfreiheit. Marburg 1997, S. 48-55 und Terres, Paul: Logik einer wettbewerblichen Geldordnung. Tübingen 1999, S. 84-92.

Auf die oft aufgestellte These, dass die Geldproduktion ein „natürliches Monopol" sei und deswegen in Staatshand gehöre, wird nicht eingegangen, da dies schon historisch eine unhaltbare Behauptung ist, siehe Prollius, Michael von: Eine Währungsordnung des Rechts, der Haftung und des Wettbewerbs, Forum Freie Gesellschaft, Working Paper, Berlin 2020, PDF-Manuskript, S. 6.

Umständen für eine stabile Währung zu fechten[314]. Der bayerische Bankier *Hugo Ritter und Edler von Maffai* (1836-1921) sah dies so[315]:

> *„Dem Staat das Vertrauen entgegenzubringen, er könne und werde die Kaufkraft des Geldes sichern, heißt, einem mehrfach vorbestraften Dieb in voller Kenntnis seiner Vergangenheit sein letztes Hab und Gut zur Bewahrung zu übergeben.“*

Bezüglich des Konzeptes »Vollgeld unter Regie der Moneative« stellt sich die Frage, ob in unseren demokratisch verfassten Staaten tatsächlich Gewaltenteilung gegeben ist.

In Deutschland ist die Gewaltenteilung ein Sollzustand gemäß des deutschen Grundgesetzes. Die praktische Organisation schaut hingegen gänzlich anders aus. Das Parlament (Legislative) und die Regierung (Spitze der Exekutive) bilden mehr oder weniger, als in sich überlappende Institutionen, eine gemeinsame Menge[316], in der die Exekutive die dominierenden

---

[314] Siehe Huerta de Soto, Jesús: Geld, Bankkredit und Konjunkturzyklen. Stuttgart 2011, S. 513. Die beiden Zitate von Hayek (Fußnoten 259 und 260) bestätigen diese Sicht.

[315] Zitiert nach Berking, Kristof: Scheingeld ohne Zinsen und Inflation; in: Smart Investor, Sonderausgabe September 2011, S. 54.

[316] Das Parlament übernimmt nicht nur die Regelung neuer Gesetze als allgemeine Rechtsregeln, sondern beschließt – per Gesetzeskraft – Vorschriften, die sich materiell eher als Verordnungen, Verwaltungsanweisungen und Einzelbefehle qualifizieren, übernimmt also

Kraft ist. Die wichtigsten Richter (Judikative) werden durch die Politik (Parlament plus Regierung) ernannt und formatiert[317].

Tätigkeiten der Exekutive. Etwas übertrieben spitz kann man sagen, dass jedem gemeinsamen Husten oder Niesen von Parlament plus Regierung beinahe Gesetzeskraft zugeschrieben wird – oder anders formuliert: Der heutige Gesetzesbegriff geht weit über das hinaus, was noch Denker wie Locke, Montesquieu oder Kant unter Gesetz als Recht bzw. allgemeine Rechtsregel verstanden haben.

Hayek merkt an, dass diese drei Denker der Gewaltenteilung unter Gesetz und Recht das verstanden haben, was die alte deutsche Rechtstheorie des 19. Jahrhundert Gesetze im materiellen Sinn nannte. Siehe Hayek, Friedrich August von: Wohin zielt die Demokratie?; in: Die Anmaßung von Wissen. Neue Freiburger Studien. Tübingen 1996, S. 204, Hayek, Friedrich August von: Recht, Gesetz und Wirtschaftsfreiheit; in: Freiburger Studien. Tübingen 1969; S. 47-55, insbesondere S. 52f. und Hayek, Friedrich August von: Recht, Gesetzgebung und Freiheit. Bd. 1, München 1980, S. 105 ff.

Hayek traf bei Gesetzen eine wichtige Unterscheidung. Er differenzierte zwischen Gesetzen zu allgemeinen Rechtsregeln, die für ihn Jus (Recht) im eigentlichen Sinne sind, und Gesetzen, die nur Verwaltungsanweisungen, Organisationsregeln oder Einzelbefehle sind. Hayek zeigte, dass weit über 90% der Beschlüsse der heutigen Legislativen keine allgemeinen Rechtsregeln sind, sondern zum Tätigkeitsfeld der Exekutiven gehören. Infolge dieser Vermischung der Staatsgewalten stehen Legislative und Exekutive nicht unbedingt unter dem Recht.

[317] Da hier nicht der Ort ist, um dieses Problem in aller Breite zu diskutieren, wird verwiesen auf die Dissertation des pensionierten

Eine weitere Gewalt, genannt Moneative, würde letztlich auch durch die Politik dominiert werden. *Berking* meint, dass die Vorstellung von einer wohlwollenden und unabhängigen Moneative wohl nur einer treudeutschen Seele entspringen kann[318].

Außerdem stellt sich die Frage, ob die Politik ein Zentralbanksystem ohne Teilreservebanken überhaupt für anstrebenswert hält. Wohl eher nein, da die Politik die Teilreservebanken für die staatliche Verschuldungspolitik benötigt.

Über das Instrument der Teilreservebanken lässt sich die Geldschöpfung durch die Politik verschleiern. Wenn bspw. eine Staatsanleihe für 10 Milliarden € bei einem Bankenkonsortium untergebracht wird, schreibt dieses Konsortium der Regierung 10 Milliarden € Giralgeld gut; die Anleihe ist zentralbankfähig

---

Richters Hochschild, Udo: Gewaltenteilung als Verfassungsprinzip. Berlin 2010 (die Arbeit ist online hier http://publikationen.ub.uni-frankfurt.de/frontdoor/index/index/docId/8029 als PDF verfügbar). Hochschild zeigte in seiner Arbeit, dass die Spitze der Exekutiven (Regierung) die beiden anderen Staatsgewalten dominiert und dass die Gerichtsverwaltung der Judikativen nur eine „ausgelagerte Justizverwaltung" der Spitze der Exekutiven (Regierung) ist. Eine vierte Staatsgewalt – eine Moneative – würde, dies folgt unmittelbar aus den Darstellungen Hochschilds, ebenfalls nicht unabhängig von der Spitze der Exekutiven (Regierung) sein.

[318] Siehe Berking, Kristof: Scheingeld ohne Zinsen und Inflation; in: Smart Investor, Sonderausgabe September 2011, S. 54.

und kann von den Banken bei der Notenbank als Pfand hinterlegt werden, so dass das Bankenkonsortium wiederum von der Notenbank 10 Milliarden € frisches Zentralbankgeld erhält[319].

Zusätzlich benötigen die Politik und die Zentralbanken den Sektor der Privatbanken immer wieder einmal als Prügelknaben, um von den eigenen Fehlern abzulenken und den Zorn der Öffentlichkeit auf die gierigen, spekulierenden Bankiers zu lenken[320]. Eine „Kreditgeldschöpfung zu 100% in öffentlicher

---

[319] Siehe oben beim Textteil zur Fußnote 80 die stufenförmige Beschreibung zum „Cantillon-Effekt". Anhand dieser Beschreibung in Verbindung mit dem Geldschöpfungsmultiplikator (siehe Quelle der Fußnote 194) wird deutlich, dass es dem Teilreservebankensystem in einem 1. Schritt möglich ist, aus einer solchen Anleihe von 10 Milliarden rund 100 Milliarden € Buchgeld zu kreieren. In einem 2. Schritt, die Anleihe ist zentralbankfähig, so dass das Bankenkonsortium von der Zentralbank weitere 10 Milliarden € erhält, ist es dem Bankensystem möglich, nochmals weitere rund 100 Milliarden € aufzusatteln.

Ergo, Regierungspolitiker benötigen das Teilreservebankensystem zwingend, um mittels Schuldenpolitik bspw. irgendwelche „Wahlkampfversprechen" zu finanzieren, mit dem – für die Regierungspolitiker – erfreulichen Nebeneffekt, dass die Staatsschulden durch die oben beschriebene Inflationierung der Geldmenge entwertet werden – real hat die Regierung (der Staat) dann weniger Schulden.

[320] Bei der Benennung der „Sündenböcke und Prügelknaben" wirkt die Medienlandschaft meist tatkräftig mit; z. B. Bruns, Tissy: Die Welt ist aus den Fugen; https://www.tagesspiegel.de/meinung/politischer-essay-die-welt-ist-aus-den-fugen/4523422.html.

Hand" würde bedeuten, dass für die Öffentlichkeit die originäre Schuld der Politik an Geldentwertungen und Krisen transparent wird. Dann wird es schwerer sein, die Banken oder Spekulanten als Prügelknaben und Sündenböcke darzustellen[321].

Die „Kreditgeldschöpfung zu 100% in öffentlicher Hand" bedeutet außerdem: „Zentralisation des Kredits in den Händen des Staats durch eine Nationalbank mit Staatskapital und ausschließlichem Monopol"; *Karl Marx* sah darin einen sehr wichtigen Schritt zum Kommunismus[322].

b) Warenwährung und Free Banking

In einem Rückblick erläuterte *Hayek* in einem Aufsatz die nicht zu verachtenden Vorteile einer Warenwährung (den klassischen Goldstandard)[323]. *Hayek* sieht auch die Nachteile des klassischen

---

[321] Siehe Schäffler, Frank / Tofall, Norbert F.: Währungswettbewerb als Evolutionsverfahren; in: Altmiks, Peter (Hrsg.): Im Schatten der Finanzkrise. Muss das staatliche Zentralbankwesen abgeschafft werden? München 2010, S. 144.

[322] Siehe Polleit, Thorsten: Gebt Karl Marx nicht recht!; in ders. : Der Fluch des Papiergeldes. München 2011, S. 37. Dabei hält Polleit nüchtern fest, dass die Marx' Vision beim staatlichen Geldangebotsmonopol im heutigen Geld- und Kreditsystem schon weitgehend erfüllt ist.

[323] Siehe Hayek, Friedrich August von: Warenwährung; in: Individualismus und wirtschaftliche Ordnung. Salzburg 1976, S. 268. Auch Ludwig von Mises sieht bei allen Schwächen des Goldstandards

Goldstandards, betont aber, dass der Goldstandard tatsächlich eine internationale Währung gewesen ist, ohne dass die nationale Geldpolitik einer internationalen Behörde unterstellt war. Der Mechanismus des Goldstandards habe sozusagen einen Automatismus in der Geldpolitik aller Staaten bewirkt. Hingegen sind die Politiken der Einzelstaaten bei einem Nicht-Warengeld nur mit ungeheuren Schwierigkeiten untereinander abstimmbar.

Autoren wie *Mises*, *Hayek*, *Hülsmann* und viele weitere mehr plädieren jedoch nicht für eine einfache Rückkehr zum klassischen Goldstandard, da sie erkannten, dass der klassische Goldstandard als Folge des staatlichen Geldmonopols scheitern musste[324].

ähnliche Vorteile wie Hayek, siehe Mises, Ludwig von: Nationalökonomie. Theorie des Handelns und Wirtschaftens. München 1980, (Reprint der 1. Auflage von 1940), S. 430ff.

[324] Siehe für Hülsmann die Hinweise in Fußnote 129 und bezüglich Hayek die Zitate zum Textteil der Fußnoten 259 und 260. Die Probleme sprach Mises schon 1923 an, siehe Mises, Ludwig von: Die geldtheoretische Seite des Stabilisierungsproblems; in: Klein, Franz/Mises, Ludwig von: Die geldtheoretische und geldrechtliche Seite des Stabilisierungsproblems. Vaduz 1993 (Reprint der 1. Auflage von 1923), S. 1-37, insbesondere S. 13-16. Dort analysiert Mises die üble Rolle der staatlichen Politik, die die staatlichen Zentralbanken unterstützt.

Solche Autoren erarbeiteten Reformvorschläge, die das Monopol der Regierungen/Zentralbanken aufbrechen sollen. Grob lassen sich diese Vorschläge als „Free Banking" zusammenfassen oder umreißen. Eine allgemeine Definition, was „Free Banking" ist, gibt es nicht, lediglich eine Auflistung bedeutsamer Merkmale, über welche Einigkeit herrscht[325]:

◆ Das Emittieren des Produktes „Geld", also die Geldproduktion, liegt nicht in staatlicher Hand, sondern erfolgt – wie bei anderen Gütern – durch private Unternehmen, die miteinander im Wettbewerb stehen.

◆ Damit verbunden ist ein freies Bankwesen, welches keinerlei Sonderprivilegien genießt und im Idealfall auch nicht reguliert wird. Die gesetzlichen Barrieren für den Markteintritt von Newcomern sind folglich niedrig aufgehängt.

◆ Die am Markt agierenden Wirtschaftssubjekte haben die Entscheidungsfreiheit darüber, was Geld ist oder welches Geld sie akzeptieren.

Huerta de Soto merkte an, dass Mises das Programm von Irving Fisher und der Chicago Schule ablehnte, trotz der Übernahme seiner eigenen Forderung nach 100% Reserve auf Umlaufsmittel, weil der Kern jenes Plans der einer Zentralbank – also einer politischen Bank – mit einer Indexwährung war.

[325] Entlehnt aus Prollius, Michael von: Free Banking; in: Smart Investor, Sonderausgabe September 2011, S. 56.

◆ Aufgaben eines Staates beschränken sich auf die Durchsetzung der Vertragsregeln.

Gesetzliche Zahlungsmittel und Zahlkraftgesetze existieren nicht.

Folglich existiert keine staatliche Zentralbank, die Geld- und Zinspolitik betreibt oder als „lender of last resort" die Steuergelder für „Bail outs" verschwendet.

Uneinigkeit bei den Vertretern des „Free Bankings" herrscht insbesondere beim Punkt der Möglichkeiten eines Teilreservebankensystems. Verschiedene Autoren vertreten die Meinung, dass eine 100%-Reserve auf alle Bankdepositen zwingend erforderlich ist[326]. Andere Autoren sind der Ansicht, dass die Entscheidung über das Geschäftsmodell der Banken, ob Teilreserve oder 100%-Reserve auf Depositen, dem Marktgeschehen zu überlassen ist. Gesetzlicher Zwang in dieser Frage wird abgelehnt.

---

[326] Persönlich bin ich auch dieser Ansicht! Den Aspekt der Bankdepositen logisch durchdacht – bspw. in der Art und Weise von Huerta de Soto – lässt meines Erachtens nur den Schluss zu, dass es eine simultane Mehrfach-Verfügungsgewalt über ein und dasselbe Gut nicht geben kann – entweder A hat die Verfügungsrechte oder B; denn es kann auch nicht dasselbe Stück Fleisch von A und B zur selben Zeit jeweils komplett gegessen werden – oder?

Zu den Vertretern eines Free Bankings mit Teilreservebanken gehören bspw. *Lawrence H. White* und *George Selgin*[327]. Beide gehen davon aus, dass

x   bei einem System des Free Bankings der Wert des Geldes durch ein Reservemedium verankert sein wird,

x   die Geldmenge auf Veränderungen am Markt reagieren wird,

x   sich Clearing-Stellen, welche die Verrechnung zwischen den Geldproduzenten übernehmen, herausbilden werden[328],

---

[327] Siehe zu den folgenden Ausführungen Seiche, Florian: Währungskonkurrenz und Notenbankfreiheit. Marburg 1997, S. 132ff. und 139ff., Selgin, George: Zentralbanken als Ursache finanzieller Instabilität; in Altmiks, Peter (Hrsg.): Im Schatten der Finanzkrise. Muss das staatliche Zentralbankwesen abgeschafft werden? München 2010, S. 83-102, Terres, Paul: Logik einer wettbewerblichen Geldordnung. Tübingen 1999, S. 166ff., White, Lawrence H.: Reform der globalen Geldordnung: ein Plädoyer für ein freies internationales Bankenwesen; in: Altmiks, Peter: Im Schatten der Finanzkrise. Muss das staatliche Zentralbankwesen abgeschafft werden? München 2010, S. 33-66.

[328] Die Kritik, dass diese zu aufwendig seien, verfängt nicht, denn im 19. Jahrhundert funktionierten Clearingstellen! Angesichts der heutigen Kommunikationstechnik sollten Clearing-Stellen noch einfacher funktionieren.

* sich international weithin akzeptierte Geldarten etablieren werden[329],

* sich das „Wie" der Teilreserve durch Wettbewerb regeln wird; jedenfalls habe der Staat keine Mindestreservesätze festzulegen.

Für *Huerta de Soto* ist das Beibehalten der Teilreservebanken falsch. Ein Teilreservesystem bei Free Banking mag – als Folge des Wettbewerbs – effizienter als das staatliche Teilreservesystem sein. Nichtsdestotrotz, der Keim, der die Kreditzyklen verursacht, der bleibt erhalten, so dass es auch im System von *White* und *Selgin* weiterhin zu unnötigen Konjunkturzyklen kommen muss[330].

Wolfram Engels (1933-1995) sah die überlegene Alternative zu den bisherigen historischen Warengeldwährungen in einem Real-

---

[329] White hebt hervor, dass die einzigen ihm bekannten Beispiele einer marktregulierten Geldwährung auf internationaler Ebene die Warenwährungen Gold und Silber gewesen sind. Siehe White, Lawrence H.: Reform der globalen Geldordnung: ein Plädoyer für ein freies internationales Bankenwesen; in: Altmiks, Peter: Im Schatten der Finanzkrise. Muss das staatliche Zentralbankwesen abgeschafft werden? München 2010, S. 37.

[330] Siehe Huerta de Soto, Jesús: Geld, Bankkredit und Konjunkturzyklen. Stuttgart 2011, S. 513f. Die Argumente von Huerta de Soto sind analog zur Analyse durch von Mises (siehe z. B. die Fußnote 182).

Asset-Standard[331]. Dieser Währung liegt eine Einlösbarkeit des Geldes in Realinvestitionen zugrunde, also einem Portfolio an Wertpapieren mit Ansprüchen auf reale Aktiva. Durch den An- und Verkauf von Vermögenstiteln durch die emittierende Bank wird Geld geschöpft oder vernichtet.

Engels sah in seinem Vorschlag folgende Vorteile[332]:

- Es bestehen keine Risikoprämien für Gläubiger oder Schuldner.
- Es gibt keine negativen oder positiven Liquiditätsprämien.
- Der Nominalzinssatz (Geldzins) beträgt 0%.
- Die Güterpreise fallen mit der durchschnittlichen Grenzproduktivität des Kapitals.
- Die Währungskonkurrenz zwischen den Notenbanken ist die Konkurrenz um die besten Vermögenstitel.

---

[331] Siehe Engels, Wolfram: Der Kapitalismus und seine Krisen. 2. Auflage, Düsseldorf 1997. Im Anhang des Buches (S. 319-338) stellt Engels das Konzept seiner „Standard-Bank" als „private Währungsbank" vor. Dabei ist die Engels-Bank eine Reputationsbank ähnlich des Hayek'schen Reformvorschlags.
Zur Diskussion des Vorschlags von Engels siehe Seiche, Florian: Währungskonkurrenz und Notenbankfreiheit. Marburg 1997, S.152-156 und Terres, Paul: Logik einer wettbewerblichen Geldordnung. Tübingen 1999, S. 202-208.
[332] Die Auflistung ist entlehnt aus Seiche, Florian: Währungskonkurrenz und Notenbankfreiheit. Marburg 1997, S.154.

Gemäß *Engels* führt dies dazu, dass

- eine optimale Allokation des Kapitals sichergestellt ist,
- die Bedingungen optimaler Geldversorgung gegeben sind, denn die Geldhaltung erbringt wegen der fallenden Güterpreise eine reale Rendite in Höhe der Realverzinsung des Kapitals,
- die Wirtschaftssubjekte die Anlageform nach individueller Risikoneigung wählen können,
- das Finanzsystem keine zyklischen Schwankungen der Wirtschaftsentwicklung hervorruft.

Issing bezweifelte, dass es unter den von *Engels* gemachten Annahmen zu einem Real-Asset-Standard kommen werde, da die Abwesenheit einer Liquiditätsprämie das Geld zu einem konkurrenzlosen Aktivum mache. Und selbst wenn Privatbanken Geld emittieren würden, eine automatische Anpassung der Geldmenge an die Veränderungen, welche die Realgüterindustrie verursachen, zieht *Issing* in Zweifel. Zudem wendete *Issing* als typischer Vertreter der neoklassischen Preisniveaustabilisierer ein, dass das Geld im Modell von *Engels* nicht neutral sei[333].

Selgin und *White* bezweifeln die Überlegenheit des Real-Asset-Standards, da die Wertentwicklung dieses Geldes nicht

---

[333] Siehe Seiche, Florian: Währungskonkurrenz und Notenbankfreiheit. Marburg 1997, S.155f.

abzuschätzen ist, ebenso wenig wie die Ertragsfähigkeit der im Portfolio gehaltenen Aktiva, welche auch die Verzinsung des Geldes determinieren. *Selgin* und *White* gehen davon aus, dass ein Real-Asset-Standard höhere Informations-, Durchsetzungs- und Kontrollkosten verursacht und somit anderen, konkurrierenden Geldarten nicht überlegen ist[334].

Außerdem will *Engels* es dem Staat als hoheitliche Aufgabe überlassen, dass dieser die Definition als Währungseinheit und die Sicherung der Solvenz der Notenbanken übernimmt[335].

Für *Ludwig von Mises* war es klar, dass den Zentralbanken die Macht zu nehmen ist, die Wirtschaft nach Gutdünken mit Liquidität zu überschwemmen. Die feste Bindung des Geldumlaufs an das Edelmetall Gold soll den Zentralbanken jene Macht nehmen.

Dazu sollen im ersten Schritt die Banknoten und die Bankdepositen bei den Geschäftsbanken in einem festen Umtauschverhältnis an die Goldbestände der Zentralbanken gekoppelt werden, mit der Pflicht zu einer Reservehaltung der Sichtguthaben von 100%. Und den Haltern von Geld wird das uneingeschränkte Recht eingeräumt, dieses Geld (Bargeld oder

---

[334] Siehe Terres, Paul: Logik einer wettbewerblichen Geldordnung. Tübingen 1999, S. 206.

[335] Siehe Terres, Paul: Logik einer wettbewerblichen Geldordnung. Tübingen 1999, S. 208.

Sichteinlagen) am Bankschalter in Gold umzutauschen. In einem zweiten Schritt wird der Wettbewerb zwischen den Währungen zugelassen, den Zentralbanken werden alle Sonderprivilegien entzogen. Ergo werden sie ganz gewöhnliche Geschäftsbanken. Folglich können und sollen sich auch die Privatbanken an der Emission von Geld beteiligen, so dass das Produkt Geld – wie die anderen Güter auch – im ganz normalen Wettbewerb steht[336].

Als Folge der Umsetzung solcher Maßnahmen erwartete *Mises*, dass durch den Wettbewerb stabilere Verhältnisse eintreten. Die üblichen Enteignungen der steuerzahlenden Bürger durch die papierenen Inflationen wären dann Vergangenheit.

Ähnliche Gedankengänge wie *Mises* verfolgen *Thorsten Polleit* und *Michael von Prollius*. Die Bankgeschäfte an und für sich würden sich dann in ein Lagergeschäft für Bankdepositen und in die Verwaltung der Ersparnisse aufteilen. Das Kreditgeschäft wäre dann beschränkt auf die Kreditvermittlung von real

---

[336] Die Position von Ludwig von Mises wurde von Murray Newton Rothbard zu einem mehrstufigem Reformvorschlag fortentwickelt. Zu der hier dargelegten Zusammenfassung des Mises-Rothbard-Plans siehe Polleit, Thorsten: Der Weg in den Sozialismus; in ders.: Der Fluch des Papiergeldes. München 2011, S. 30-33, Polleit, Thorsten: Freiheit und das Sound Money Principle; in: Altmiks, Peter (Hrsg.): Im Schatten der Finanzkrise. Muss das staatliche Zentralbankwesen abgeschafft werden? München 2010, S. 67-82 und Polleit, Thorsten: Eine Strategie für die Rückkehr zum guten Geld; in: Smart Investor, Sonderausgabe September 2011, S. 66-67.

existierenden Ersparnissen. Die beiden betonen, die Menschen müssten auch in einem solchen Geschäftsmodell weder auf Zahlungen durch Überweisungen, Schecks oder Kreditkarten verzichten, dieser Komfort bliebe erhalten[337].

Der Eckpunkte des Reformvorschlags von *Huerta de Soto* sind[338]:

➢ Totale Wahlfreiheit der Währung.

Vollständige Privatisierung der Währungen, gesetzliche Zahlungsmittel sind abzuschaffen.

Den Marktteilnehmern ist es überlassen zu entscheiden, was als Geld verwandt wird.

➢ Ein System vollständiger Bankfreiheit.

Staatliche Zentralbanken sind abzuschaffen, bzw. erhalten den Status gewöhnlicher Geschäftsbanken.

Jede Regierungsbehörde, welche die Bank- und Finanzmärkte regulieren oder steuern soll, ist abzuschaffen.

---

[337] Siehe Polleit, Thorsten/Prollius, Michael von: Geldreform. Grevenbroich 2010, S 57f.; ähnlich Hülsmann, Jörg Guido: Die Ethik der Geldproduktion. Waltrop 2007, Reisman, George: Staat contra Wirtschaft. München 1982 und Huerta de Soto, Jesús: Geld, Bankkredit und Konjunkturzyklen. Stuttgart 2011 und viele andere mehr.
[338] Huerta de Soto, Jesús: Geld, Bankkredit und Konjunkturzyklen. Stuttgart 2011, S. 514-518. Die folgenden Ausführungen stammen so gut wie wörtlich aus diesem Teil des Buchs.

Die vollständige Bankfreiheit bedeutet jedoch nicht, dass das Privileg der Teilreserve für die Banken bestehen bleibt, dieses hat zu fallen.

➢ Die Verpflichtung zur Einhaltung der traditionellen Rechtsregeln und Prinzipien, besonders der 100%igen Reservepflicht für Sichteinlagen[339].

Für *Huerta de Soto* hat sein Vorschlag folgende Vorteile[340]:

• Das vorgeschlagene System verhindert Bankenkrisen.

• Das vorgeschlagene System verhindert das zyklische Auftreten von Wirtschaftskrisen.

• Das vorgeschlagene System steht im Einklang mit dem Privateigentum.

• Das vorgeschlagene Modell fördert ein stabiles, nachhaltiges Wachstum und reduziert damit die Transaktionskosten auf dem Markt und vor allem die Spannungen bei Lohnverhandlungen drastisch.

• Das vorgeschlagene System würde der fieberartigen Finanzspekulation und ihren abträglichen Folgen ein Ende setzen.

---

[339] Dieser Punkt wird nicht weiter ausgeführt, weil im bisherigen Textverlauf darauf schon umfangreich eingegangen wurde.

[340] Siehe Huerta de Soto, Jesús: Geld, Bankkredit und Konjunkturzyklen. Stuttgart 2011, S. 520-530. Die folgenden Ausführungen sind wörtlich aus diesem Teil des Buchs übernommen.

- Das vorgeschlagene System reduziert die wirtschaftlichen Funktionen des Staates auf ein Minimum und erlaubt im Besonderen die Abschaffung der Zentralbank.
- Das vorgeschlagene System ist das mit der Demokratie verträglichste.
- Das vorgeschlagene System fördert die friedliche, harmonische Kooperation der Nationen.

Anschließend setzte *Huerta de Soto* sich mit zehn möglichen Einwänden gegen seinen Vorschlag auseinander[341], um danach einen Übergangsprozess vom jetzigen System in sein Modell zu analysieren[342].

Kritiker des Free Banking wenden regelmäßig ein, dass die private Geldproduktion keinerlei Chancen haben würde. Die Menschen würden ein einheitliches, gesetzlich verankertes Geldwesen – also staatliches Zwangsgeld – vorziehen. Eine Vielzahl unterschiedlicher Geldarten würde ein Geldchaos verursachen, folglich würde eine vernünftige Wirtschaftsrechnung unsicher und schwierig zu gestalten sein.

---

[341] Siehe Huerta de Soto, Jesús: Geld, Bankkredit und Konjunkturzyklen. Stuttgart 2011, S. 531-550.

[342] Siehe Huerta de Soto, Jesús: Geld, Bankkredit und Konjunkturzyklen. Stuttgart 2011, S. 550-562. Im Anhang 3 findet sich eine Tabelle, welche Huerta De Sotos Reformvorschlag in fünf Stufen abbildet. Quelle: Huerta de Soto, Jesús: Geld, Bankkredit und Konjunkturzyklen. Stuttgart 2011, S. 555.

Solchen Äußerungen ist entgegenzuhalten, dass es trotz der Vielfalt der Münzgewichte den Händlern im Mittelalter leichter fiel, ein sicheres Wertmaß zu finden, als den heutigen Händlern[343]. Weiter ist anzumerken, dass es in der Geschichte häufig und oft Beispiele des privaten Geldes gegeben hat, die dem Free Banking sehr nahe gekommen sind und gut funktioniert haben, bspw. noch in jüngerer Zeit in Kanada und Schottland, bis die staatliche Gewalt solche Konkurrenten eliminierte[344]. Private Geldproduzenten bilden für das wertlose, immaterielle staatliche Zwangsgeld eine ernsthafte Konkurrenz. Das ist der wahre Grund, warum die private Geldemission verboten ist und von Staats wegen unter Strafe steht.

Ein eindrucksvolles Beispiel zeigt *Selgin* in einer historischen Abhandlung[345]: Die staatliche Produktion von Münzen im früh-industriellen Großbritannien beschränkte sich auf die Prägung

---

[343] Siehe Taghizadegan, Rahim: Technik, Geld und Zeit; in: eigentümlich frei, Oktober 2011, Nr. 116, S. 33.

[344] Dazu sind Beispiele aufgeführt bei Prollius, Michael von: Free Banking; in: Smart Investor, Sonderausgabe September 2011, S. 56f., Schulz, Karsten: Digitales Geld. Düsseldorf 2000, S. 139-149 oder Seiche, Florian: Währungskonkurrenz und Notenbankfreiheit. Marburg 1997, S.169-188.

[345] Siehe hierzu die Besprechung von Selgins Buch: 'Good Money – Birmingham Button Makers, the Royal Mint, and the Beginning of Modern Coinage', 1775-1821. Ann Arbor 2008; in: Smart Investor, Sonderausgabe September 2011, S. 59.

von Münzen für die Eliten (britische Upper Class) und zeigte für den wachsenden Bedarf an kleineren Münzen der übrigen Bevölkerung kein Interesse. In diese Bedarfslücke stießen nun spontan private Münzproduzenten, die in zwanzig unabhängigen Prägestätten Münzen für den täglichen Bedarf der „kleinen Leute" produzierten.

> *„Die neue Branche war wie der Kapitalismus selbst: Sie war für alle und zum Nutzen aller geschaffen".*

Selgin zeigt, dass das Gesetz *Greshams* nur bei staatlichem Geld gilt, denn die privaten Münzen hatten eine bessere Qualität als die staatlichen und wurden im täglichen Gebrauch den staatlichen vorgezogen.

Merke:

Im privaten Umfeld bevorzugt der Konsument die gute Qualität, während staatliche Leistungen immer zu überhöhten Preisen aufgezwungen werden. Gutes privates Geld schlägt das schlechte staatliche Geld.

In Großbritannien unterband der Staat alsbald die private Konkurrenz, denn wer das Geld kontrolliert, kann die Menschen besser und einfacher beherrschen, lenkt die Gesellschaft leichter und kann die Menschen einfacher besteuern.

c) Währungskonkurrenz – ein Entdeckungsverfahren[346]

Den Vorschlag zur „Entnationalisierung des Geldes" machte *Hayek* 1976. Er war damals der Ansicht, dass die Brechung des staatlichen Geldmonopols dringend umgesetzt werden müsse. Die durch die Politik verursachten Verwüstungen im Geldwesen würden nicht nur erhebliche Gefahren für die Wirtschaft, sondern für die gesamte Gesellschaft mit sich bringen. Nicht mehr und nicht weniger als die gesamte Kultur sah *Hayek* in Gefahr[347].

Seit *Hayeks* Reformvorschlag sind mehr als vier Jahrzehnte vergangen und die Verwüstungen des Geldes durch die Politik haben seitdem erheblich zugenommen.

---

[346] Zu den folgenden Gedanken siehe insbesondere Schäffler, Frank / Tofall, Norbert F.: Währungswettbewerb als Evolutionsverfahren; in: Altmiks, Peter (Hrsg.): Im Schatten der Finanzkrise. Muss das staatliche Zentralbankwesen abgeschafft werden? München 2010, S. 135-155. Weitgehend vertreten Schäffler / Tofall dort ähnliche Ansichten, trotz ihrer klaren Sympathie für die Abschaffung des Teilreserveprivilegs für die Geschäftsbanken. Beide Autoren sehen, dass die Entwöhnung vom Gift des billigen, staatlichen, immateriellen Zwangs- und Scheingeldes ein evolutorischer Prozess sein wird.

[347] Hayek, Friedrich August von: Entnationalisierung des Geldes. Tübingen 1977. Das englische Original „Denationalisation of Money" erschien 1976.

Die Politik wird das Geldmonopol nicht freiwillig aus der Hand geben. Somit werden sich die Krisen verstärken, die Verwüstungen und die Entwertungen des immateriellen Zwangsgeldes werden fortschreiten, so dass *Voltaire* recht behalten wird[348]:

> *„Die Geschichte hat schon häufig gezeigt, dass Edelmetalle zwar im Preis fallen können, nie aber im Wert. Papiergeld dagegen ist bereits hunderte Male zu Tode gekommen. Papiergeld sinkt irgendwann immer auf seinen inneren Wert – NULL!"*

Wie können die Menschen den Verwerfungen der staatlichen Geldpolitik begegnen? In dem sie bspw. nach Alternativen zum staatlichen Zwangsgeld suchen. Möglichkeiten dafür existieren. Das gilt umso mehr, sobald eine wachsende Zahl von Bürgern die Folgen der staatlichen Geldpolitik erkennt und Alternativen einer legalen Aushebelung der gesetzlichen Knebelungen nutzt.

---

[348] Dieser Ausspruch wird Voltaire zugeschrieben, vgl. Polleit, Thorsten: Voltaire darf nicht recht behalten; in ders.: Der Fluch des Papiergeldes. München 2011, S. 84.

Derartige Alternativen[349] sind bspw.;

➢ Tauschringe:

- Einfache Tauschringe haben sich schon vielfach im privaten Bereich gebildet. Dort werden mittels Nachbarschaftshilfe insbesondere Dienstleistungen getauscht.
- Tauschringe im internationalen Geschäft größerer Konzerne werden Barter genannt.
  Wenn bspw. ein Konzern wie die Siemens AG der Generalunternehmer für den Bau eines Kraftwerks ist, dann werden Rohstoffe und Arbeitskräfte als Gegenleistung bereitgestellt und mit der Bezahlung verrechnet.
- Tauschringe können auch genossenschaftlich organisiert sein, wie die WIR-Bank in der Schweiz. Die WIR-Bank verrechnet Warentausch und Dienstleistungen von rund 60.000 schweizerische Gewerbetreibenden.

➢ Regiogeld / Regionalgeld, welches als Bargeldersatzmittel innerhalb einer Region verendet wird. In Deutschland sind solche Regionen dem Dachverband Regiogeld e. V. angeschlossen, dieser hat über sechzig Mitglieder mit 37 Regionalwährungen.

---

[349] Siehe hierzu: Das Spektrum der Geldsystemkritik und Geldreformvorschläge; in: Smart Investor, Sonderausgabe September 2011, S. 44-47.

Sollten daraus dynamische Prozesse entstehen, dann wäre es vielleicht möglich, im Zuge des Wettbewerbs als Entdeckungsverfahren[350] – etwas anderes kann ein Währungswettbewerb nicht sein – die staatliche Monopolanmaßung bezüglich des Geldes aufzubrechen. Ein solches Entdeckungsverfahren braucht jedoch Zeit; die Menschen haben aus ihren Handlungen zu lernen, damit sich die effiziente Form herausbilden kann.

Sollten die staatlichen Pyramidenspiele in Sachen Geld (Zentralbank mit angeschlossenem Teilreservebankensystem) irgendwann zusammenbrechen, ist es schwer zu prognostizieren, was danach kommen wird. Wahrscheinlich wird es so sein, dass die Politik unmittelbar versuchen wird, unter Abwälzung der Schuld auf schon bekannte Prügelknaben mit neuem immateriellem Zwangsgeld neu zu starten – Stichwort: Währungsreform[351].

Sollte es aber zu einem Machtvakuum kommen, also beim Zusammenbruch des Ponzi-Spiels das Chaos so groß sein, dass die Politiker die Kontrolle verlieren, dann wären vielleicht

---

[350] Hayek, Friedrich August von: Der Wettbewerb als Entdeckungsverfahren; in Hayek, Friedrich August von: Freiburger Studien, Tübingen 1969, S. 249-265.

[351] Siehe Fußnote 320: Die Prügelknaben und Sündenböcke als Schuldige für den Zusammenbruch sind, durch die tatkräftige Unterstützung der freiwilligen Staatshelfer aus der Presselandschaft, längst benannt.

Alternativen möglich. Wie diese aussehen könnten, ist offen. Vorstellbar ist, dass sich verschiedene Varianten des Free Bankings zu etablieren suchen. Wenn *Selgin* recht hat und *Greshams* Gesetz nur bei staatlichem Zwangsgeld gilt[352], sich jedoch bei privatem Geld die bessere Qualität durchsetzt, dann kann es meines Erachtens nur so sein, dass sich die privaten Emissionsbanken mit einer 100%igen Reservepflicht auf Depositen im Währungswettbewerb etablieren können.

---

[352] Siehe den Textteil zu Fußnote 345.

V. Schlussbemerkungen

Der historische, ideengeschichtliche Abriss des Textes wurde bewusst gewählt:

➜ Erstens sollte deutlich werden, dass viele Probleme so alt sind wie die Geldgeschichte selbst, und seit etlichen Jahrhunderten immer und immer wieder neu diskutiert werden.

➜ Zweitens sollte zumindest ansatzweise gezeigt werden, dass die Geld- und Währungstheorie enorm reichhaltig und vielseitig war und heute noch ist.

➜ Dritten sind die derzeit im Mainstream dominierenden Theorieansätze – Keynesianismus und Monetarismus – in vielen, leider auch wesentlichen Punkten im Vergleich mit alten Erkenntnissen als Rückschritt zu werten.

Manch einer mag sich vielleicht wundern, weshalb nicht näher auf das Buch von *Heinsohn/Steiger*[353] eingegangen wurde; leiten doch die beiden Autoren – nach deren eigener Einschätzung –

---

[353] Heinsohn, Gunnar / Steiger, Otto: Eigentum, Zins und Geld. Ungelöste Rätsel der Wirtschaftswissenschaften. Marburg 2011, 7. Auflage.

eine kopernikanische Wende in der Ökonomie ein. Das Buch ist immerhin inzwischen in der 8. Auflage auf dem Markt und damit so etwas wie ein Wissenschaftsbestseller.

Der Grund ist einfach: Weil meiner Meinung nach *Heinsohn/Steiger* nichts wesentlich Neues bringen. Was zum Beispiel Kreditgeld ist, erfährt man auch und teilweise besser bei anderen Autoren. *Heinsohn/Steiger* treiben leider das staatlich protegierte Ponzi-Spiel auf die Spitze.

Wer sich eingehender mit dem Thema „Geldtheorie" befassen will, der wird genügende Literaturhinweise in etlichen einführenden VWL-Lehrbüchern finden oder auf den Internetseiten der Zentralbanken, bspw. der FED (www.federalreserve.gov).

Von diesem Hauptstrom abweichende Texte findet man bspw. auf den Seiten von *The Foundation for Economic Education* (FEE) (https://fee.org/), der *Friedrich-August-von-Hayek-Gesellschaft* (https://hayek.de/); dem *Forum Freie Gesellschaft* (https://forum-freie-gesellschaft.de/), des *Ludwig-von-Mises-Institutes* in den USA (https://mises.org/), des deutschen *Ludwig-von-Mises-Institutes* (https://www.misesde.org/) oder bei *Michael Kastner* (www.buchausgabe.de/und www.mises.de/)[354].

---

[354] So sind bspw. viele – nicht nur von den im Literaturverzeichnis aufgelisteten – Bücher der „Österreicher" (Mises, Reisman, Rothbard usw.) auf den Seiten von https://mises.org/ und www.mises.de/ als „PDF-Dateien" verfügbar.

Zum Schluss noch ein beruhigender Ratschlag von *Jochen Steffens*[355]:

„Wenn Sie vielleicht auf der Suche nach einer sicheren und gepflegten Möglichkeit sind, komplett dem Wahnsinn zu verfallen, habe ich einen wirklich guten Tipp für Sie: Beschäftigen Sie sich intensiv mit ‚Geldtheorien'."

---

[355] Steffens, Jochen: Ein gepflegter Weg in den vollkommenen Wahnsinn; in: Investor`s Daily vom 24.02.2006.

Anhang 1[356]

„Die Wiener Schule der Ökonomie"

Fritz Machlup, er studierte bei *Wieser* und *Mises*, nannte 1982 sechs Charakteristika, die um etwa 1930 das Herzstück der „Wiener Schule der Ökonomie" bildeten:

1) *Der methodologische Individualismus:*

   Die Erklärung der wirtschaftlichen Erscheinungen geht vom individuellen Handeln oder Nicht-Handeln aus.

2) *Der methodologische Subjektivismus:*

   Die wirtschaftlichen Erscheinungen gehen auf individuelle Urteile und Entscheidungen zurück, jeweils basierend auf persönlichem Wissen und subjektiven Zukunftserwartungen.

3) *Die subjektive Präferenzreihung:*

   Die subjektive Wertschätzung, so dass letztlich die Konsumenten Güterart, Menge und Preise (mit)bestimmen.

---

[356] Entlehnt aus Schulak, Eugen MariaUnterköfler, Herbert: Die Wiener Schule der Nationalökonomie. Weitra 2010, S. 183 f.

4) *Das Modell der Opportunitätskosten:*

Der wirtschaftliche Akteur bezieht in sein Kalkül stets alternative Verwendungsmöglichkeiten mit ein.

Das Vorziehen einer Verwendungsmöglichkeit bedingt einen Verzicht auf eine andere Verwendungsmöglichkeit.

5) *Das Grenznutzenprinzip:*

Die ökonomisch relevante Wertschätzung wird von der Bedeutung desjenigen Gutes bestimmt, das gerade noch zur angestrebten Bedürfnisbefriedigung beizutragen imstande ist.

6) *Die Rolle der Zeit:*

Produktion und Konsum werden durch subjektive Zeitpräferenzen (mit)bestimmt. *Machlup* weist jedoch darauf hin, dass innerhalb der „Wiener Schule" die ökonomische Bedeutung der Zeit durchaus unterschiedlich betrachtet wurde.

Schließlich führte Machlup noch zwei Charakteristika an, die insbesondere für Ludwig von Mises und seine Schüler Geltung hätten:

7) *Die Souveränität der Konsumenten:*

Die Nachfrage der Konsumenten steuert, soweit sie nicht durch externe Eingriffe wie Gesetze, behördliche Maßnahmen oder Kartellabsprachen behindert wird, in optimaler Weise die Produktion, die Verteilung sowie die Preise und somit die Ressourcenallokation.

8) *Der politische Individualismus:*

Politische Freiheit setzt ökonomische Freiheit voraus. Wirtschaftspolitische Restriktionen führen früher oder später zu weitergehenden staatlichen Zwangsmaßnahmen und unterminieren die individuelle Freiheit.

Israel Meir Kirzner , ebenfalls ein *Mises*-Schüler, ergänzte – mit Blick auf die Spätwerke *Mises'* und *Hayeks* – die Liste um zwei Charakteristika[357]:

9) *Märkte und Wettbewerb als Lern- und Entdeckungsprozess.*

10) *Individuelle Entscheidungen als Wahl zwischen individuell zu identifizierenden Alternativen in grundsätzlich unbekanntem Kontext.*

---

[357] Entlehnt aus AnthroWiki: Artikel – „Österreichische Schule"; https://anthrowiki.at/%C3%96sterreichische_Schule.

Anhang 2

Zwei gegensätzliche Ansätze Arten in der ökonomischen Theorie

	Österreichische Schule	Makroökonomen (Keynesianer & Monetaristen)
1)	Zeit spielt eine grundlegende Rolle.	Der Einfluss der Zeit wird ignoriert.
2)	"Kapital" wird als eine heterogene Gruppe von Kapitalgütern angesehen, die sich kontinuierlich abnutzen und ersetzt werden müssen.	Das Kapital wird als ein homogener Fonds betrachtet, der sich selbst reproduziert.
3)	Die Produktion ist dynamisch und teilt sich in vielfache vertikale Stufen.	Es besteht die Vorstellung einer eindimensionalen, horizontalen Produktionsstruktur, die sich im Gleichgewicht befindet (Einkommensflussmodell).
4)	Geld beeinflusst den Prozess durch die Veränderung der relativen Preisstruktur.	Das Geld beeinflusst das allgemeine Preisniveau. Veränderungen der relativen Preise werden nicht berücksichtigt.

5)	Makroökonomische Phänomene werden mikroökonomisch erklärt (Veränderungen der relativen Preise).	Makroökonomische Aggregate verhindern die Analyse der zugrunde liegenden mikro-ökonomischen Faktoren (Fehlinvestitionen).
6)	Die Österreicher vertreten eine Theorie über endogene Ursachen ökonomischer Krisen, was deren wiederkehrende Natur erklärt (korrupte Institutionen: Teildeckungsbankwesen und künstliche Kreditausweitung).	Es fehlt an einer endogenen Konjunkturtheorie. Krisen haben exogene Ursachen (psychologische, tech-nologische bzw. geld-politische Fehler).
7)	Die Österreicher verfügen über eine elaborierte Kapitaltheorie (Produktions-struktur).	Es fehlt an einer Kapitaltheorie.
8)	Das Sparen spielt eine entscheidende Rolle. Es verursacht vertikal laufende Veränderungen in der Produktionsstruktur und bestimmt die genutzte Technologie.	Das Sparen ist unwichtig. Das Kapital reproduziert sich horizontal (mehr der gleichen Art), die Produktionsfunktion ist fix und durch den Technologiestand bestimmt.
9)	Es besteht eine inverse Beziehung zwischen der Kapitalgüter- und der Konsumgüternachfrage. Jede Investition erfordert Ersparnisse und damit einen vorübergehenden Konsum-rückgang.	Die Kapitalgüternachfrage verändert sich gleichgerichtet mit der Konsumgüter-nachfrage.

10	Es wird angenommen, dass die Produktionskosten subjektiv und nicht gegeben sind.	Die Produktionskosten sind objektiv und real und werden als gegeben angesehen.
11)	Die Marktpreise bestimmen tendenziell die Produktionskosten und nicht umgekehrt.	Die historischen Produktionskosten bestimmen tendenziell die Marktpreise.
12)	Der Zinssatz ist ein Marktpreis, der durch die subjektiven Zeitpräferenzraten bestimmt wird. Der Zinssatz wird benutzt, um durch das Diskontieren des erwarteten künftigen Einkommensstroms zum Barwert zu gelangen, gegen den der Marktpreis jedes Kapitalguts tendiert.	Der Zinssatz wird tendenziell von der Grenzproduktivität bzw. Grenzleistungsfähigkeit des Kapitals bestimmt. Die Grenzleistungsfähigkeit des Kapitals wird als der interne Diskontsatz definiert, bei dem der erwartete Einkommensstrom mit den historischen Produktionskosten jedes Kapitalguts gleich ist, wobei die historischen Kosten als unveränderbar und gegeben angenommen werden. Der kurzfristige Zinssatz wird als hauptsächlich monetär bestimmt angesehen.

Quelle: Huerta de Soto, Jesús: Geld, Bankkredit und Konjunkturzyklen. Stuttgart 2011, S. 404: Tabelle 7.1

Tu ne cede malis, sed contra audentior ito!
Weiche dem Unglück nicht, nein, unverzagt gehe ihm
entgegen! (Vergil)

Anhang 3

Systeme mit einem vollkommen privaten Finanz- und Bankensektor (den Rechtsprinzipien unterworfen)

5. Stufe	*4. Stufe*
1. Vollkommene Bankfreiheit (den Rechtsprinzipien unterworfen, 100%ige Reservepflicht); Wahlfreiheit der Währung (Wird Gold die Oberhand behalten?)	1. Abschaffung der Zentralbank (Bankfreiheit); Tausch des gesamten Geldes (Noten und Depositen) gegen Gold; Wahlfreiheit der Währung
2. Internationale Verbreitung und Konsolidierung der Reform	2. Internationale Vereinbarung zur Einführung eines reinen Goldstandards und einer 100%igen Reservepflicht
3. Ein einziger, weltweiter Geldstandard	3. Ein einziger, weltweiter Geldstandard (Äquivalent zu festen Wechselkursen)
4. Keine Kreditausweitung; leichte, kontinuierliche „Deflation"	4. Keine Kreditausweitung; leichte, beständige „Deflation" (ein Anstieg der Goldproduktion kann anfänglich einen inflationären Schock erzeugen)
5. Konstant nachhaltiges Wirtschaftswachstum	5. Nachhaltiges Wachstum; keine Aktienmarktkrisen und keine Wirtschaftsrezessionen

Am wenigsten kontrollierte Systeme ◄─────────

Huerta de Sotos Reformvorschlag

Quelle: Huerta de Soto, Jesús: Geld, Bankkredit und Konjunkturzyklen.
Stuttgart 2011, S. 555; Abbildung 9.1.

3. Stufe	2. Stufe	1. Stufe
1. Unabhängige Zentralbank; Geldmengenziel: Geldmengenwachstum ca. 2%; 100%ige Reservepflicht im Bankwesen (Bankiers werden Fondsmanager)	1. Unabhängige Zentralbank; Geldmengenregel: Geldmengenwachstum, das den Produktivitätsanstieg übersteigt (ungefähr 4 - 6 %)	1. Von der Regierung abhängige Zentralbank; Ad-hoc-Management ohne Geldmengenregel
2. Internationale Kooperation	2. Internationale Kooperation in Bankangelegenheiten	2. Monetärer Nationalismus
3. Feste (jedoch anpassbare) Wechselkurse	3. Feste (jedoch anpassbare) Wechselkurse	3. Flexible Wechselkurse
4. Keine Kreditausweitung (Geldmengenwachstum finanziert Teil der Staatsausgaben); „stabiler" Geldwert	4. Moderatere Kreditausweitung; moderate Inflation	4. Substanzielle und inflationäre Kreditausweitung
5. Praktische Eliminierung der Aktienmarktkrisen und Wirtschaftsrezessionen	5. Moderate Aktienmarktkrisen und Wirtschaftsrezessionen	5. Aktienmarktkrisen und Wirtschaftsrezessionen
		Am stärksten kontrollierte Systeme
	Europäische Währungsunion	USA

Literaturverzeichnis

Albring, Stephanie: John Law, der Vater des Papiergeldes. Hausarbeit, Universität Münster, PDF-Manuskript.

Anderegg, Ralph: Grundzüge der Geldtheorie und Geldpolitik. München 2007.

AnthroWiki: Artikel – „Österreichische Schule";
https://anthrowiki.at/%C3%96sterreichische_Schule.

Aristoteles: Die Nikomachische Ethik. München 1981 (4. Auflage); übersetzt und herausgegeben von Olof Gigon.

Aristoteles: Politik. München 1981 (4. Auflage); übersetzt und herausgegeben von Olof Gigon.

Baader, Roland: Geld, Gold und Gottspieler: Am Vorabend der nächsten Weltwirtschaftskrise. Gräfelfing 2005, 2. Auflage.

Baader, Roland: Zeitenwende; in: Baader, Roland: Markt oder Befehl: 55 Streitschriften für die Freiheit. Grevenbroich 2007, S. 334 – S. 337.

Baader, Roland: Geldsozialismus. Die wirklichen Ursachen der neuen globalen Depression. Gräfelfing 2010.

Bagus, Philipp: Für eine solide Volkswirtschaftslehre. Die Österreichische Konjunkturtheorie; in: Hoffmann, Christian / Bessard, Pierre (Hrsg.): Aus Schaden klug? Zürich 2009, S. 107 – S. 119.

Bagus, Philipp: Die Tragödie des Euro. Wie politische Interessen ein selbstzerstörerisches System schufen. München 2011.

Bagus, Philipp / Marquart, Andreas: Warum andere auf Ihre Kosten immer reicher werden: . . . und welche Rolle der Staat und unser Papiergeld dabei spielen. München 2014.

Balling, Stephan: Sozialphilosophie und Geldpolitik bei Friedrich August von Hayek, Walter Eucken, Joseph Alois Schumpeter, Milton Friedman und John Maynard Keynes. Stuttgart 2013.

Bauhaus-Universität Weimar, Seminar „Historische Positionen des Ökonomischen Denkens" WS 2007/2008; Referenten: Nancy Richter u. a., PDF-Manuskript.

Berking, Kristof: Scheingeld ohne Zinsen und Inflation; in: Smart Investor, Sonderausgabe Gutes Geld, September 2011, S. 52 – S. 54.

Berger, Johannes: Der diskrete Charme des Marktes: zur sozialen Problematik der Marktwirtschaft. 2009.

Besprechung zu Selgins Buch Good Money – Birmingham Button Makers, the Royal Mint, and the Beginning of Modern Coinage, 1775 – 1821; in: Smart Investor, Sonderausgabe September 2011, S. 59.

Binswanger, Hans Christoph: Kapital – was ist das? (Texte 2008 – Universität Graz), PDF-Manuskript.

Blankertz, Stefan: Politik der neuen Toleranz. Plädoyer für einen radikalen Liberalismus. Wetzlar 1988.

Böhm-Bawerk, Eugen von: Kapital und Kapitalzins. Positive Theorie des Kapitals, Band 1. Meisenheim am Glan 1961 (Nachdruck der Auflage v. 1921).

Boehringer, Peter: Ungedecktes Papiergeld ist legales Falschgeld. Smart Investor 10/2009; https://www.goldseiten.de/artikel/12107—Ungedecktes-Papiergeld-ist-legales-Falschgeld.html.

Bökenkamp, Gérard: Euro und Europa: Frieden durch gemeinsame Währung; https://ef-magazin.de/2011/01/07/2785-euro-und-europa-frieden-durch-gemeinsame-waehrung.

Bökenkamp, Gérard: Merkantilismus und Neomerkantilismus: Ein Juliusturm voll Altpapier; https://ef-magazin.de/2010/12/20/2746-merkantilismus-und-neomerkantilismus-ein-juliusturm-voll-altpapier.

Bökenkamp, Gérard: Ursache der Großen Depression von 1929: Friedmans Delle oder Rothbards Falschgeld?; https://ef-magazin.de/2011/07/04/3070-ursache-der-grossen-depression-von-1929-friedmans-delle-oder-rothbards-falschgeld.

Bonner, William/Wiggin, Addison: Tage der Abrechnung. München 2004.

Bortis, Heinrich: Adam Smith: Optimistischer Liberalismus. Universität Freiburg (Ch), PDF-Manuskript.

Bortis, Heinrich: Die Entstehung des klassischen Systems. A. Merkantilismus und Kameralismus. Universität Freiburg (Ch), PDF-Manuskript.

Bortis, Heinrich: IV. Die Epoche des Merkantilismus. Universität Freiburg (Ch), PDF-Manuskript.

Bortis, Heinrich: 2. Teil: Die Entstehung des klassischen Systems. B. Physiokratie (François Quesnay). Universität Freiburg (Ch), PDF-Manuskript.

Braunberger, Gerald: Aufstieg und Fall von John Laws Finanzsystem. https://www.faz.net/aktuell/finanzen/fonds-mehr/historische-finanzkrisen-frankreich-1720-aufstieg-und-fall-von-john-laws-finanzsystem-1283673.html.

Braunberger, Gerald: Neues vom barbarischen Relikt; https://blogs.faz.net/fazit/2012/08/29/neues-vom-barbarischen-relikt-542/.

Bruner, Robert F./Carr, Sean D.: Sturm an der Börse. Die Panik von 1907. Weinheim 2008.

Bruns, Tissy: Die Welt ist aus den Fugen; https://www.tagesspiegel.de/meinung/politischer-essay-die-welt-ist-aus-den-fugen/4523422.html.

Buhrs, Hendrik: Ökonomen der Krise. Irving Fisher: Kreislauf des Grauens; https://www.wiwo.de/politik/konjunktur/oekonomen-der-krise-irving-fisher-kreislauf-des-grauens/5141092.html.

Chafuen, Alejandro A.: Faith and Liberty: The Economic Thought of the Late Scholastics. Lanham 2003.

Congdon, Timothy: Kosten und Nutzen des Zentralbankwesens für die Gesellschaft; in: Altmiks, Peter: Die optimale Währung für Europa? München 2010, S. 47 – S. 94.

Creutz, Helmut: Geldschöpfung in öffentlicher Hand – Gedanken zu dem gleichnamigen Buch von Joseph Huber & James Robertson; in: Zeitschrift für Sozialökonomie Folge 168/169, April 2011, S. 24 – S. 39.

Dernburg, Thomas Frederick/McDougall, Duncan M.: Lehrbuch der Makroökonomischen Theorie. 3. Aufl. Stuttgart 1981.

Deutsche Biographie: Knapp, Georg Friedrich; https://www.deutsche-biographie.de/sfz43122.html.

Deutsche Wikipedia (de.wikipedia.org): Artikel – Bernhard Laum, (abgerufen und gesichert im April 2020).

Deutsche Wikipedia (de.wikipedia.org): Artikel – Brasilianischer Real, (abgerufen und gesichert im Januar 2020).

Deutsche Wikipedia (de.wikipedia.org): Artikel – Navigationsakte, (abgerufen und gesichert im Mai 2011).

Emkow, Jana: Japan und die Wirtschaftskrisen; https://www.grin.com/document/143270 (Leseprobe).

Engels, Wolfram: Der Kapitalismus und seine Krisen. 2. Auflage, Düsseldorf 1997.

Eucken, Walter: Grundsätze der Wirtschaftspolitik. Tübingen 1952.

Fehr, Benedikt: Der vollautomatische Börsenkrach; https://www.faz.net/aktuell/finanzen/fonds-mehr/historische-finanzkrisen-amerika-1987-der-vollautomatische-boersenkrach-1294646.html.

Ferguson, Adam: Versuch über die Geschichte der bürgerlichen Gesellschaft. Frankfurt/M., 1988.

Föste, Wilga: Das Geld im ökonomischen Denken des Merkantilismus. Marburg 2015.

Friedman, Milton: Die optimale Geldmenge; in: Friedman, Milton: Die optimale Geldmenge und andere Essays. München 1976, 2. Auflage, S. 9 – 76.

Friedman, Milton: Die Quantitätstheorie des Geldes: Eine Neuformulierung; in: Friedman, Milton: Die optimale Geldmenge und andere Essays. München 1976, 2. Auflage, S. 77 – S. 100.

Friedman, Milton: Zentrale Planung contra freies Unternehmertum; in: Friedman, Milton: Es gibt nichts umsonst. Warum in einer Volkswirtschaft jede Mark verdient werden muß. München 1978, S. 187 – S. 202.

Galiani, Ferdinando: Über das Geld. Düsseldorf 1999.

Gordon, David: The Politically Incorrect Guide to the Great Depression and the New Deal, by Robert P. Murphy; https://mises.org/library/politically-incorrect-guide-great-depression-and-new-deal-robert-p-murphy.

Greenspan, Alan: Gold und wirtschaftliche Freiheit; https://www.goldseiten.de/artikel/96—Gold-und-wirtschaftliche-Freiheit-Alan-Greenspan.html?seite=1.

Grice-Hutchinson, Marjorie: The School of Salamanca. Oxford 1952.

Griffin, G. Edward: Die Kreatur von Jekyll Island. Rottenburg 2011.

Grözinger, Robert: Let's have a Tea Party in the USA: Bürgerbewegung rechtsherum. Eigentümlich frei, Ausgabe 104. S. 26 – S. 29.

Haberler, Gottfried von: Wirtschaftswachstum und Stabilität. Zürich 1975.

Hartwich, Oliver Marc: Ein peinlicher Nobelpreis; https://www.achgut.com/artikel/ein_peinlicher_nobelpreis.

Hayek, Friedrich August von: A Tiger by the Tail. A 40-Years' Running Commentary on Keynesianism by Hayek, London und Auburn 2009, 3. Auflage. (Ein Buch, das Hayek allerdings nie geschrieben hat, sondern von Sudha R. Shenoy zusammengestellt wurde aus Auszügen der Schriften Hayeks)

Hayek, Friedrich August von: Carl Menger (1840-1921); in: Hayek, Friedrich August von: Sozialwissenschaftliche Denker. Tübingen 2017, S. 143 – S. 169.

Hayek, Friedrich August von: Der Ricardo Effekt; in: Hayek, Friedrich August von: Individualismus und wirtschaftliche Ordnung. Salzburg 1976, S. 281 – S. 323.

Hayek, Friedrich August von: Der Strom der Güter und Leistungen; in Hayek, Friedrich August von: Die Anmaßung von Wissen. Neue Freiburger Studien. Tübingen 1996, S. 130 – S. 147.

Hayek, Friedrich August von: Der Wettbewerb als Entdeckungsverfahren; in Hayek, Friedrich August von: Freiburger Studien, Tübingen 1969, S. 249-265.

Hayek, Friedrich August von: Die Anmaßung von Wissen; in: Hayek, Friedrich August von: Die Anmaßung von Wissen. Neue Freiburger Studien. Tübingen 1996, S. 3 – S. 15.

Hayek, Friedrich August von: Die Ergebnisse menschlichen Handelns, aber nicht menschlichen Entwurfs; in Hayek, Friedrich August von: Freiburger Studien. Tübingen 1969, S. 97 – S. 107.

Hayek, Friedrich August von: Die reine Theorie des Kapitals. Tübingen 2006.

Hayek, Friedrich August von: Die Verfassung der Freiheit. Tübingen 1982, 2. Auflage.

Hayek, Friedrich August von: Die verhängnisvolle Anmaßung: Die Irrtümer des Sozialismus. Tübingen 1988.

Hayek, Friedrich August von: Entnationalisierung des Geldes. Eine Analyse der Theorie und Praxis konkurrierender Umlaufsmittel. Tübingen 1977.

Hayek, Friedrich August von: Geldtheorie und Konjunkturtheorie. Wien und Leipzig 1929 (Reprint Salzburg 1976).

Hayek, Friedrich August von: Geschichte des Geldwesens; in: Hayek, Friedrich August von: Geld und Konjunktur, Band 1. Tübingen 2015, S. 387 – S. 487.

Hayek, Friedrich August von: Gibt es einen »Widersinn des Sparens«?; in: Hayek, Friedrich August von: Geld und Konjunktur, Band 1. Tübingen 2015, S. 341 – S. 386.

Hayek, Friedrich August von: Preise und Produktion. Wien 1976, (Reprint der 1. Auflage von 1931).

Hayek, Friedrich August von: Recht, Gesetzgebung und Freiheit, Band 1: Recht und Ordnung. Landsberg am Lech 1980.

Hayek, Friedrich August von: Recht, Gesetzgebung und Freiheit, Band 2: Die Illusion der sozialen Gerechtigkeit. Landsberg am Lech 1981.

Hayek, Friedrich August von: Recht, Gesetz und Wirtschaftsfreiheit; in: Hayek, Friedrich August von: Freiburger Studien. Tübingen 1969; S. 47 – S. 55.

Hayek, Friedrich August von: Warenwährung; in: Hayek, Friedrich August von: Individualismus und wirtschaftliche Ordnung. Salzburg 1976, S. 268 – S. 280.

Hayek, Friedrich August von: Wiener Schule; in: Hayek, Friedrich August von: Sozialwissenschaftliche Denker. Tübingen 2017, S. 177 – S. 181.

Hayek, Friedrich August von: Wohin zielt die Demokratie?; in: Hayek, Friedrich August von: Die Anmaßung von Wissen. Neue Freiburger Studien. Tübingen 1996, S. 204 – S. 215.

Heine, Michael/Herr, Hansjörg: Volkswirtschaftslehre. München 2003, 3. Auflage.

Heinsohn, Gunnar/Steiger, Otto: Eigentum, Zins und Geld. Ungelöste Rätsel der Wirtschaftswissenschaft. Marburg 2011, 7. Auflage.

Herger, Nils: Geldtheorie. Studienzentrum Gerzensee, Frühlingssemester 2010, Vorlesung 1: Einführung in die Geldtheorie, PDF-Manuskript.

Hirte, Katrin/Thieme, Sebastian: Mainstream, Orthodoxie und Heterodoxie. Zur Klassifizierung der Wirtschaftswissenschaften. Discussion Paper. Universität Hamburg 2013.

Hochschild, Udo: Gewaltenteilung als Verfassungsprinzip. Berlin 2010.

Hochreiter, Gregor: Krankes Geld – Kranke Welt. Analyse und Therapie der globalen Depression. Gräfelfing 2010.

Hoffmann, Andreas/Köhler, Ekkehard A.: Ursachen und ordnungspolitische Konsequenzen der Finanzkrise; in: Altmiks, Peter: Im Schatten der Finanzkrise. Muss das staatliche Zentralbankwesen abgeschafft werden? München 2010, S. 103 – S. 133.

Hoffmann, Christian/Bessard, Pierre (Hrsg.): Aus Schaden klug? Zürich 2009.

Huerta de Soto, Jesús: Biography of Juan de Mariana: The Influence of the Spanish Scholastics (1536-1624); https://mises.org/library/biography-juan-de-mariana-influence-spanish-scholastics-1536-1624.

Huerta de Soto, Jesús: Die Österreichische Schule der Nationalökonomie – Markt und unternehmerische Kreativität. Wien 2007.

Huerta de Soto, Jesús: Geld, Bankkredit und Konjunkturzyklen. Stuttgart 2011.

Huerta de Soto, Jesús: New Light on the Prehistory of the Theory of Banking and the School of Salamanca; https://cdn.mises.org/rae9_2_4_2.pdf.

Hülsmann, Jörg Guido: Das Scheingeldexperiment. Seit 1971 läuft die Endphase eines langen Irrweges; in: Smart Investor, Sonderausgabe Gutes Geld, September 2011, S. 10 – S. 13.

Hülsmann, Jörg Guido: Die Ethik der Geldproduktion. Waltrop 2007.

Hülsmann, Jörg Guido: Die Logik der Währungskonkurrenz. Ein Versuch auf der Grundlage einer Kantischen Interpretation von Unsicherheit und Institutionen. Essen 1996.

Hülsmann, Jörg Guido: Nicholas Oresme and the First Monetary Treatise; https://mises.org/library/nicholas-oresme-and-first-monetary-treatise.

Hülsmann, Jörg Guido: Wirtschaft und Ethik: Ein unorthodoxer Weg zur Knechtschaft; in: eigentümlich frei, Nr. 115, September 2011, S. 56.

Hülsmann, Jörg Guido/Altenhof, Ralf: Wozu Rettungspakete? Schweizer Monat 966 – 12/2008.

Hugelmann, Frank: Die Anfänge des englischen Liberalismus. John Locke und der first Earl of Shaftesbury. Frankfurt/M. 1992.

Hume, David: Politische und ökonomische Essays, in zwei Teilbänden. Hamburg 1988.

Infoblatt des Klettverlags; https://www.klett.de/alias/1019131.

INWO e.V.; https://www.inwo.de/.

Janssen, Hauke: Milton Friedman und die „monetaristische Revolution" in Deutschland. Marburg 2006.

Janssen, Jörg: Der Weg zur Finanzkrise, Teil 1 bis Teil 6, plus einer Chronik als Anhang; https://ef-magazin.de/autor/joerg-janssen/ [https://ef-magazin.de/2008/10/25/761-der-weg-zur-finanzkrise-teil-1-teilreserve-der-legalisierte-betrug; https://ef-magazin.de/2008/10/27/762-der-weg-zur-finanzkrise-teil-2-der-staat-als-inflationsblaeser; https://ef-magazin.de/2008/10/29/763-der-weg-zur-finanzkrise-teil-3-schuldenmachen-im-namen-des-volkes; https://ef-magazin.de/2008/11/01/764-der-weg-zur-finanzkrise-teil-4-wie-die-politische-klasse-eine-krise-erschafft; https://ef-magazin.de/2008/11/04/765-der-weg-zur-finanzkrise-teil-5-der-zusammenbruch-des-politisierten-systems; https://ef-magazin.de/2008/11/07/766-der-weg-zur-finanzkrise-teil-6-weiter-auf-dem-weg-zur-knechtschaft; https://ef-magazin.de/2008/11/07/767-der-weg-zur-finanzkrise-anhang-chronik-der-krise].

Janssen, Jörg: Nobelpreis an Paul Krugman: Gewohnt ins Klo gegriffen; https://ef-magazin.de/2008/10/13/742-nobelpreis-an-paul-krugman-gewohnt-ins-klo-gegriffen.

Jarchow, Hans-Joachim: Theorie und Politik des Geldes. I. Geldtheorie. Göttingen, 5. Auflage 1982.

Kamp, Hermann: Gutes Geld und böses Geld; in: Grubmüller, Klaus/Stock, Markus (Hrsg.): Geld im Mittelalter. Darmstadt 2005, S. 91 – S. 112.

Klingen, Heino: Politische Ökonomie der Präklassik. Die Beiträge Pettys, Cantillons und Quesnays zur Entstehung der klassischen politischen Ökonomie. Marburg 1992.

Knedlik, Tobias: Der IWF und Währungskrisen – vom Krisenmanagement zur Prävention? Berichte aus dem Weltwirtschaftlichen Colloquium der Universität Bremen, Nr. 87, Februar 2004, PDF-Manuskript.

Köhler, Michael: Humes Dilemma oder: „Geldschöpfung" der Banken als Vermögensverletzung. Berlin 2015.

Kruse, Alfred / Lechner, Hans H.: Geld und Kredit. Ausgewählte Texte zur Geschichte einer Wissenschaft. Stuttgart 1970.

Kruse, Alfred: Geschichte der volkswirtschaftlichen Theorien. Berlin 1959, I. Kapitel als PDF-Manuskript.

Laer, Wolf von: Probleme des etablierten Notenbankensystems – Free Banking als Alternative? Berlin 2010.

Lambertini, Roberto: Das Geld und sein Gebrauch; in: Grubmüller, Klaus/Stock, Markus (Hrsg.): Geld im Mittelalter. Darmstadt 2005, S. 216 – S. 243.

Laum, Bernhard: Heiliges Geld: Eine historische Untersuchung über den sakralen Ursprung des Geldes. Berlin 2006, (Reprint der Auflage von 1924).

Lechner, Hans H.: Währungspolitik. Berlin 1988.

Leisch, Daniel: Ursachen der Großen Depression im Hinblick auf die "Österreichische Geldtheorie"; https://www.grin.com/document/343289 (Leseprobe).

Le Goff, Jacques: Wucherzins und Höllenqualen. Ökonomie und Religion im Mittelalter. Stuttgart 1988.

Löffler, Bernhard: Die kulturelle Seite der Währung. Berlin 2019

Löhr, Dirk: Zu kurz gesprungen – Von Vollgeld, Freigeld und Assetpreisinflationen; in: Zeitschrift für Sozialökonomie Folge 168/169, April 2011, S. 40 – 54.

Machlup, Fritz: Börsenkredit, Industriekredit und Kapitalbildung. Frankfurt/M. 2002, (Reprint der 1. Auflage von 1931).

Machlup, Fritz: Führer durch die Krisenpolitik. Frankfurt/M. 2000, (Reprint der 1. Auflage von 1934).

Mäkeler, Hendrik: Nicolas Oresme und Gabriel Biel. Zur Geldtheorie im späten Mittelalter; in: Srcipta Mercature, 37. Jahrgang, Heft 1, 2003, S. 56 – S. 94, PDF-Manuskript.

Marquart, Andreas: Crashkurs Geld. München 2019.

Menger, Carl: Gesammelte Werke Band 1, Grundsätze der Volkswirtschaftslehre. Tübingen 1970, 2. Auflage.

Menger, Carl: Gesammelte Werke Band 4, Schriften über Geldtheorie und Währungspolitik. Tübingen 1970, 2. Auflage.

Milz, Hubert: Buchbesprechung zu „Wirtschaft wirklich verstehen. Einführung in die Österreichische Schule der Ökonomie"; https://www.amazon.de/gp/customer-reviews/R1FZC9KEM8W615/ref=cm_cr_getr_d_rvw_ttl?ie=UTF8&ASIN=3959721552.

Mises, Ludwig von: Das Währungsproblem. Quelle: Mitteilungen des Verbandes österreichischer Banken und Bankiers, Wien, XVI. Jahr, Nr. 10/11, November 1934, S. 271 – S. 277, PDF-Manuskript.

Mises, Ludwig von: Die Bürokratie. Königswinter 1997.

Mises, Ludwig von: Die geldtheoretische Seite des Stabilisierungsproblems; in: Klein, Franz/Mises, Ludwig von: Die geldtheoretische und geldrechtliche Seite des Stabilisierungsproblems. Vaduz 1993 (Reprint der 1. Auflage von 1923), S. 1 – S. 37.

Mises, Ludwig von: Geldwertstabilisierung und Konjunkturpolitik. Jena 1928.

Mises, Ludwig von: Die Gemeinwirtschaft. Untersuchungen über den Sozialismus. München 1981, (Reprint der 2. Auflage von 1932).

Mises, Ludwig von: Grundprobleme der Nationalökonomie. Jena 1933.

Mises, Ludwig von: Die Theorie des Geldes und der Umlaufsmittel. München und Leipzig 1912 (Nachdruck, Auburn 2007).

Mises, Ludwig von: Die Ursachen der Wirtschaftskrise. Tübingen 1931.

Mises, Ludwig von: Erinnerungen. Stuttgart 1978.

Mises, Ludwig von: Kritik des Interventionismus. Darmstadt 1976, (Reprint der 1. Auflage von 1929).

Mises, Ludwig von: Nationalökonomie. Theorie des Handelns und Wirtschaftens. München 1980, (Reprint der 1. Auflage von 1940).

Mises, Ludwig von: Theorie des Geldes und der Umlaufsmittel. München und Leipzig 1924.

Moerschen, Tobias: Die größte Pleitenserie erlebten US-Sparbanken; https://www.handelsblatt.com/archiv/sparkassen-krise-kostete-us-steuerzahler-160-mrd-die-groesste-pleitenserie-erlebten-us-sparbanken/2228692.html?ticket=ST-2554056-Z4Xc6wqlWVSSDeWVp1zN-ap1.

Mohr, Daniel: Vom Tellerwäscher zum Milliardär und wieder zurück; https://www.faz.net/aktuell/finanzen/fonds-mehr/historische-finanzkrisen-deutschland-2000-vom-tellerwaescher-zum-milliardaer-und-wieder-zurueck-1283630.html.

Murphy, Antoin E.: John Law. Ökonom und Visionär. Düsseldorf 2002.

Musgrave, Richard A.: Finanztheorie. Tübingen, 2. Auflage 1982.

Naschold, Frieder: Das deutsche Wirtschaftsmodell auf dem Prüfstand; in: Wehling, Hans-Georg (Red.): Standort Deutschland. Stuttgart 1994, S. 85–100.

Neck, Reinhard (Hrsg): Die Österreichische Schule der Nationalökonomie. Frankfurt/M. 2008.

North, Gary: Finanzkrise: Das Ende der faschistischen Ära; https://ef-magazin.de/2009/02/09/947-finanzkrise-das-ende-der-faschistischen-aera.

Obert, Marcus: Die naturrechtliche «politische Metaphysik» des Johann Heinrich Gottlob von Justi (1717-1771). Bern 1992.

Oresme, Nicolas von: Traktat über Geldabwertungen. De Mutatione Monetarum Tractatus. Berlin 2001.

Orosel, Gerhard O.: Eugen von Böhm-Bawerk. Eine Analyse seiner Kapitaltheorie; in: Leser, Norbert (Hrsg.): Die Wiener Schule der Nationalökonomie. Wien 1986, S. 107 – S. 132.

o. V.: BGH WM 1984, 222; Urteil zum Krüger-Rand.

o. V.: Das Spektrum der Geldsystemkritik und Geldreformvorschläge; in: Smart Investor, Sonderausgabe Gutes Geld, September 2011, 44 – S. 47.

o. V.: Felix Somary, der Kassandrarufer;
https://www.wienerzeitung.at/nachrichten/wirtschaft/international/2034249-
Felix-Somary-der-Kassandrarufer.html.

Paul, Ron: Befreit die Welt von der US-Notenbank! Warum die Federal
Reserve abgeschafft werden muss. Rottenburg a. N. 2010.

Platon: Der Staat; in: Platon: Sämtliche Werke in drei Bänden, Band 3.
Darmstadt 2004, Nachdruck 8. Auflage von 1982, S. 7 – S. 407.

Polleit, Thorsten: Gebt Karl Marx nicht recht!; in: Polleit, Thorsten: Der Fluch
des Papiergeldes. München 2011, S. 37 – S. 39.

Polleit, Thorsten: Der Weg in den Sozialismus; in: Polleit, Thorsten: Der Fluch
des Papiergeldes. München 2011, S. 30 – S. 33.

Polleit, Thorsten: Freiheit und das Sound Money Principle.
München 2010, S. 67 – S. 82.

Polleit, Thorsten: Eine Strategie für die Rückkher zum guten Geld; in: Smart
Investor, Sonderausgabe September 2011, S. 66 – S. 67.

Polleit, Thorsten / Prollius, Michael von: Geldreform: Vom schlechten
Staatsgeld zum guten Marktgeld. Grevenbroich 2010.

Priddat, Birger P.: Das Geld und die Vernunft. Frankfurt/M. 1988.

Prollius, Michael von: Eine Währungsordnung des Rechts, der Haftung und
des Wettbewerbs, Forum Freie Gesellschaft, Working Paper, Berlin 2020,
PDF-Manuskript.

Prollius, Michael von: Free Banking. Geldfreiheit für das 21. Jahrhundert; in: Smart Investor, Sonderausgabe Gutes Geld, September 2011, S. 56-58.

Prollius, Michael von: Geschichte wiederholt sich: Kontroverse Geldpolitik um 1825; https://www.mises.de/public_home/article/396.

Redaktion GOLDSEITEN.DE: Weshalb eine Währungskrise auf die andere folgt; https://www.goldseiten.de/artikel/3927 — Weshalb-eine-Waehrungskrise-auf-die-andere-folgt.html.

Reed, Lawrence W.: Great Myths of the Great Depression. Midland 2012. https://fee.org/media/16865/great_myths_of_the_great_depression_2016.pdf.

Rehm, Ulrich: Avarus non implebitur pecunia; in: Grubmüller, Klaus/Stock, Markus (Hrsg.): Geld im Mittelalter. Darmstadt 2005, S. 135 – S. 181.

Reisman, George: Staat contra Wirtschaft. München 1982.

Renger, Joachim: Subsistenzproduktion und redistributive Palastwirtschaft: Wo bleibt die Nische für das Geld?; in: Schelke, Waltraus / Nitsch, Manfred (Hrsg.): Rätsel Geld. Marburg 1995, S. 271-324.

Röpke, Wilhelm: Die Lehre von der Wirtschaft. Bern, 12. Auflage 1979.

Rösch, Manfred: Philosoph der Freiheit; https://www.fuw.ch/article/philosoph-der-freiheit/.

Rothbard, Murray Newton: America's Great Depression. Auburn 2000, 5. Auflage.

Rothbard Murray Newton: Das Schein-Geld-System. Gräfelfing 2005.

Rothbard, Murray Newton: Economic Thought Before Adam Smith. An Austrian Perspective on the History of Economic Thought. Volume I, Aubrun 2006.

Rothbard, Murray Newton: The Panic of 1819. Reactions and Policies. Auburn 2007, 3. Auflage.

Sachverständigengruppe „Weltwirtschaft und Sozialethik": Gutes Geld für alle. Bonn 1991.

Salerno, Joseph T.: Der Ökonom: Nur Beruf oder Berufung?; https://www.misesde.org/2019/08/der-oekonom-nur-beruf-oder-berufung-teil-1/; https://www.misesde.org/2019/08/der-oekonom-nur-beruf-oder-berufung-teil-2/.

Salin, Pascal: Falsche Antworten auf die Krise; in: Hoffmann, Christian / Bessard, Pierre (Hrsg.): Aus Schaden klug? Zürich 2009, S. 121 – S. 127

Schäffler, Frank: Landesbanken-Pleiten: Peer Steinbrück war maßgeblich am Desaster beteiligt; https://ef-magazin.de/2009/06/19/1289-landesbanken-pleiten-peer—steinbrueck-war-massgeblich-am-desaster-beteiligt.

Schäffler, Frank / Tofall, Norbert F.: Währungswettbewerb als Evolutionsverfahren; in: Altmiks, Peter (Hrsg.): Im Schatten der Finanzkrise. Muss das staatliche Zentralbankwesen abgeschafft werden? München 2010, S. 135 – S. 155.

Schefold, Bertram: Nicolaus Oresmius: Die Geldlehre des Spätmittelalters; in: Schefold, Bertram: Beiträge zur ökonomischen Dogmengeschichte. Düsseldorf 2004, S. 67 – S. 99.

Schefold, Bertram: Eugen von Böhm-Bawerk: Entdeckungen und Irrtümer in der Geschichte der Zinstheorien; in: Schefold, Bertram: Beiträge zur ökonomischen Dogmengeschichte. Düsseldorf 2004, S. 291 – S. 304.

Schefold, Bertram: Eugen von Böhm-Bawerks »Positive Theorie des Kapitals«; in: Schefold, Bertram: Beiträge zur ökonomischen Dogmengeschichte. Düsseldorf 2004, S. 305 – S. 322.

Schiff, Peter D./Schiff, Andrew J.: Wie eine Volkswirtschaft wächst … … und warum sie abstürzt. Kulmbach 2011.

Schiltknecht, Kurt: Regulierungsprobleme auf den Finanzmärkten. VII. Gottfried-von-Haberler-Konferenz, Vaduz 2011, WORD-Manuskript.

Schlesinger, Helmut: Vierzig Jahre Währungsreform; in Hampe, Peter (Hrsg.): Währungsreform und die Soziale Marktwirtschaft. München 1989, S. 15 – S.25.

Schmölders, Günter: Gutes und schlechtes Geld. Frankfurt/M. 1968.

Schulak, Eugen Maria/Unterköfler, Herbert: Die Wiener Schule der Nationalökonomie. Weitra 2010.

Schulz, Karsten: Digitales Geld. Die Auswirkungen von Technologie und Regulierung auf die Evolution des Geldes. Düsseldorf 2000.

Schumpeter, Josep Alois: Geschichte der ökonomischen Analyse, Bd. 1. Göttingen 1965.

Seiche, Florian: Währungskonkurrenz und Notenbankfreiheit. Marburg 1997.

Seidel, Hans: Ausstrahlung und Fortwirkung der Wiener Schule; in: Leser, Norbert (Hrsg.): Die Wiener Schule der Nationalökonomie. Wien 1986, S. 223 – S. 240.

Selgin, George: Zentralbanken als Ursache finanzieller Instabilität; in: Altmiks, Peter (Hrsg.): Im Schatten der Finanzkrise. Muss das staatliche Zentralbankwesen abgeschafft werden? München 2010, S. 83–102.

Sennholz, Hans F.: The Great Depression. The Freeman 1969; https://fee.org/articles/the-great-depression/.

Smith, Adam: Der Wohlstand der Nationen. München 1978.

Söllner, Fritz: Die Geschichte des ökonomischen Denkens. Berlin 2001.

Spahn, Heinz-Peter: GELDWIRTSCHAFT, Universität Hohenheim, PDF-Manuskript.

Starbatty, Joachim: Das konjunkturpolitische Drama ist entschieden – zugunsten F.A.v. Hayeks, Weimar 2018; Vortrag in Kurzform als PDF-Manuskript.

Starbatty, Joachim: Hayek und die „Bubble-Economy"; 11. Friedrich-August-von-Hayek-Vorlesung. Freiburg 2007, PDF-Manuskript.

Starbatty, Joachim: Über Macht und Rechtsmissbrauch – das Beispiel der Europäischen Währungsunion. VIII. Gottfried-von-Haberler-Konferenz, Vaduz 2012, PDF-Manuskript.

Stark, Jürgen: Stabilität in der Europäischen Währungsunion; in: Altmiks, Peter: Die optimale Währung für Europa? München 2010, S. 31 – S. 46.

Stavenhagen, Gerhard: Geschichte der Wirtschaftstheorie.
Göttingen 1969, 4. Auflage.

Steffens, Jochen: Ein gepflegter Weg in den vollkommenen Wahnsinn;
in: Investor`s Daily vom 24.02.2006.

Streminger, Gerhard: David Hume, sein Leben und sein Werk.
Paderborn 1995.

Taghizadegan, Rahim: Das Versagen der Volkswirtschaftslehre; in: Hoffmann,
Christian/Bessard, Pierre (Hrsg.): Aus Schaden klug?
Zürich 2009, S. 77 – S. 103.

Taghizadegan, Rahim: Kritik der Freiwirtschaft nach Silvio Gesell. Wien 2008.

Taghizadegan, Rahim: Technik, Geld und Zeit. Kleine Scholien am Vorabend
der Katastrophe; in: eigentümlich frei, Oktober 2011, Nr. 116, S. 28 – S. 33.

Taghizadegan, Rahim: Wirtschaft wirklich verstehen. Einführung in die
Österreichische Schule der Ökonomie. München 2011.

Terres, Paul: Logik einer wettbewerblichen Geldordnung. Tübingen 1999.

Tögel, Andreas: Scheingeld: Die Stunde der Zentralisten; https://ef-
magazin.de/2011/08/19/3144-scheingeld-die-stunde-der-zentralisten.

Tögel, Andreas: Lindau: Stelldichein der Ökonomenelite; https://ef-
magazin.de/2011/08/29/3158-lindau-stelldichein-der-oekonomenelite.

Uni-Protokolle (http://www.uni-protokolle.de/Lexikon):
die Artikel – Argentinienkrise und Turgot

Vanberg, Viktor: Evolutorische Ökonomik: Homo Oeconomicus, Markt und Institutionen. Freiburger Diskussionspapiere zur Ordnungsökonomik 1/04, PDF-Manuskript.

Vischer, Rank: Geld- und Währungsrecht im nationalen und internationalen Kontext. Basel 2009, PDF-Manuskript.

Waldner, Wolfgang: Der Neoliberalismus und die angloamerikanischen Netzwerke; https://www.wolfgang-waldner.com/neoliberalismus/

Weber, Max: Wirtschaft und Gesellschaft. Tübingen 1976 (5. Auflage).

Wicksell, Knut: Geldzins und Güterpreise. Aalen 1968 (Reprint der Auflage von 1898).

Wicksell, Knut: Vorlesungen über Nationalökonomie 2. Zweiter Band, Geld und Kredit. Aalen 1969 (Reprint der Auflage von 1922).

White, Lawrence H.: Reform der globalen Geldordnung: ein Plädoyer für ein freies internationales Bankenwesen; in: Altmiks, Peter: Im Schatten der Finanzkrise. Muss das staatliche Zentralbankwesen abgeschafft werden? München 2010, S. 35 – S. 66.

Wittreck, Fabian: Geld als Instrument der Gerechtigkeit. Die Geldrechtslehre des Hl. Thomas v. Aquin in ihrem interkulturellen Kontext. Paderborn 2002.

Woods, Thomas: Sternstunden statt dunkles Mittelalter. Aachen 2006.

Zöller, Michael: Haben wir denn im Kapitalismus gelebt?; https://www.faz.net/aktuell/feuilleton/debatten/kapitalismus/zukunft-des-kapitalismus-15-haben-wir-denn-im-kapitalismus-gelebt-1824932.html.